# Handbuch
# Zierfische



KOMET

# Inhalt

# Einleitung

Nach den Ziervögeln sind Aquarienfische zahlenmäßig die am meisten gehaltenen Heimtiere. Schätzungen sprechen von sechs bis acht Millionen Süß- und Meerwasserfischen, die in Deutschland in kleinen und großen, einfachen und perfekt

gestalteten Becken leben. Dort, wo Tiere und kommerzielle Interessen zusammentreffen, besteht immer eine gewisse Gefahr, dass die Bedürfnisse der Ersteren nicht genügend berücksichtigt werden. Bei der Zierfischhaltung kann sich die Missachtung der Lebewesen darin zeigen, dass dem unkundigen Aquarianer nicht die umfassende Beratung zuteil wird, die er für den Kauf und die Einrichtung eines Aquariums benötigt oder dass ihm der Händler, aber auch der private Züchter, Fische aufschwatzt und verkauft, die z. B. für einen Anfänger ungeeignet, weil nicht einfach zu halten sind.

Das vorliegende Buch über unsere stillen, bunten Freunde soll vor allem den interessierten Anfänger zu einem Hobby hinführen, das außerordentlich vielseitig und faszinierend ist – sofern er es richtig angeht. Das Angebot an Aquarien, Geräten, Wasserpflanzen, Futtermittel und natürlich an Zierfischen ist heute fast überwältigend groß. Von den über 12000 Arten von Süßwasserfischen sind in den vergangenen Jahrzehnten mehrere tausend in unsere Aquarien gekommen und von den bedeutend schwieriger zu haltenden Meerwasserfischen einige hundert Arten.

Der Anfänger sollte jedoch angesichts dieser Fülle nicht verzweifeln: Es sind gerade einmal 50 bis 60 verschiedene Arten, die mehr als 90 % aller gehaltenen Zierfische ausmachen! Diesen und nicht den Spezialitäten, die vielleicht einmal pro Jahr in Kleinstsendungen zu uns gelangen, will sich das vorliegende Buch zuwenden.

# Die Grundausstattung

Aquarien sind bekanntlich wassergefüllte Behälter für Fische und Pflanzen. Vom Handel werden sie in einer unübersehbaren Zahl und Formenvielfalt angeboten. Der Anfänger ist trotz der Hilfe des Händlers bei der Wahl eines Aquariums oft überfordert. Wir möchten ihm deshalb anraten, sich vor dem Kauf einige wichtige Fragen zu stellen und, vielleicht mit Freundeshilfe, zu beantworten. Das heißt zunächst einmal, sich nicht zu einem „Spontankauf" hinreißen zu lassen – etwa nach dem Besuch einer Fischbörse oder des Aquarienhauses eines Tiergartens.

Aquarien sind Ausschnitte aus Lebensräumen und bringen, gut zusammengestellt, ein wunderschönes Stück Natur ins Haus.

Aber auch wenn man „nur" einige bunte Zierfische in einem Aquarium halten möchte und bezüglich Pflanzen- und Fischausstattung keine großen Ansprüche hegt, gibt es einige wichtige Dinge zu beachten. Wir sollten uns z. B. im Voraus darüber klar sein, dass selbst der kleinste, nur gerade

**INFO** **Die Mindestanforderungen**

*Benötigt wird ein Aquarium, das auf mindestens einer Seite verglast und oben offen ist, das notfalls belüftet, beheizt und mittels Filtereinrichtung gereinigt und zudem in den langen Wintermonaten beleuchtet werden kann.*

25 mm lange Guppy ein artgerechtes Aquarium benötigt, in dem er genügend Platz, verschiedene Versteckmöglichkeiten, die richtige Wasserzusammensetzung und eine ihm zusagende Wassertemperatur vorfindet. Goldfisch- oder Einmachgläser sind mit Sicherheit nicht die richtigen Behälter für höher entwickelte Lebewesen – weder für Gold- noch für andere Zierfische.

# Die Qual der Wahl

Zum einen ist die Wahl des Aquariums von seiner Verwendung, zum anderen natürlich vom Betrag abhängig, den man ausgeben möchte oder kann. Wer seine Wohnung mit einem Aquarium in erster Linie schmücken will, wird sich möglicherweise für viel Geld ein Aquarienmöbel mit einem 300- oder 400-l-Becken zulegen und die ganze Einrichtung einem Aquarienprofi überlassen. Wer die Zierfischhaltung jedoch als „aktives Hobby" betreiben möchte, wird das Aquarium aus einem anderen Blickwinkel betrachten. Die Größe ist vielleicht wichtiger als die Form, und der Standort richtet sich immer nach den Bedürfnissen der Fische und keinesfalls nach den Vorschlägen eines Innenarchitekten.

Drei Beckenarten sind es vor allem, die man in der Aquaristik antrifft: das Gestell- oder Rahmen-Aquarium, das Vollglas-Aquarium und das Nurglas-Aquarium.

# Das Nurglas-Aquarium

Das Nurglas-Aquarium ist die am weitesten verbreitete, weil preislich günstigste Beckenart. Es besteht aus Glasscheiben – bei den teureren wird Kristallspiegelglas verwendet, bei den billigeren Fenster- bzw. Schaufensterglas –, die mit einem giftfreien Silikon-Kautschuk zusammengeklebt werden.

Der Handel bietet die Möglichkeit, sich das fertige Aquarium zu kaufen und vielleicht sogar einrichten zu lassen. Es gibt zwar bereits 10-l-Aquarien, aber diese eignen sich bestenfalls als Zuchtbecken oder Quarantänestation für kranke oder neu angekommene Fische.

Als Mindestgröße sollte man 60 bis 70 l betrachten, besser noch etwas mehr, denn ein ökologisches Gleichgewicht zwischen Pflanzen und Fischen, Wasser- und pH-Werten lässt sich im großen Aquarium leichter herstellen und halten als im kleinen.

Die Kosten der benötigten technischen Ausrüstung sind für ein 100-l-Becken kaum höher als beispielsweise für ein nur halb so großes.

# Rahmen und Vollglas

Bevor es die hochfesten Silikonkleber auf dem Markt gab, kannte man nur Metallgestell-Aquarien und verwendete als Kleber z. B. Schifferkitt, der nach einiger Zeit steinhart und brüchig wurde und früher oder später zu lecken begann. Heute werden die Scheiben aller Aquarienarten mit Silikon geklebt, das sehr licht- und alterungsbeständig ist und keiner besonderen Pflege bedarf.

Rahmen- und Vollglas-Aquarien sind um einiges teurer als Nurglas-Becken und deshalb kaum in kleinen Größen erhältlich. Man verwendet sie als 400- bis 1 000-l-Vitrinen und Schmuck-Aquarien vor allem in öffentlichen Gebäuden und in Restaurants, kann sie aber selbstverständlich auch im privaten Bereich aufstellen – allerdings nicht ohne daran zu denken, dass Behälter in dieser Größe ein enormes Gewicht haben! Bekanntlich lässt sich der Rauminhalt eines Beckens ausrechnen, indem man seine Länge mit der Breite und der Höhe multipliziert und dann durch 1 000 teilt. Das hört sich viel komplizierter an, als es in Wirklichkeit ist.

***INFO*** **Was ist was?**

*Das Rahmen-Aquarium besteht, wie der Name sagt, aus einem Leichtmetall- oder Kunststoffrahmen, in den die der Größe entsprechenden Scheiben eingeklebt werden. Beim Vollglas-Aquarium sind nur der Boden- und der Deckenrahmen aus Metall oder Kunststoff, während die Seitenscheiben nicht von Rahmen, sondern lediglich von Silikonkautschuk zusammengehalten werden.*

Beispiel: Ein Aquarium mit den Maßen 100 x 50 x 50 cm kann genau 250 l Wasser aufnehmen (sofern wir es randvoll füllen), nach der Formel 100 x 50 x 50 = 250 000 : 1 000. Das ergibt nach Adam Riese 250. Ein Liter Wasser wiegt in etwa ein Kilogramm, 250 l demnach rund 250 kg. Hinzu kommt das Gewicht des Aquariums, der technischen Ausrüstung und des Tisches oder Möbels, auf dem es steht. Ein Gesamtgewicht von 350 kg ist für das in unserem Beispiel gewählte, nicht einmal besonders große Aquarium keine utopische, sondern eine reale Größe. An diese sollten sich vor allem Bewohner von älteren Wohnungen erinnern und vor der Anschaffung eines Beckens abklären, ob der vielleicht angejahrte Holzboden die Last noch trägt.

# Der Eigenbau

Man benötigt nur wenig handwerkliches Geschick, um ein Nurglas-Aquarium selbst anzufertigen. Man lässt sich

beim Glaser die Scheiben in der gewünschten Länge zuschneiden und bittet ihn, die Kanten zu brechen (schleifen), damit man sich beim Hantieren mit dem Glas nicht schneidet. Die Glasdicke hängt von der Größe des zukünftigen Aquariums ab. Bei Maßen von 60 x 40 x 40 cm (entspricht einem Beckeninhalt von knapp 100 l) sollte das Glas der Seitenscheiben eine Dicke von 5 mm haben und jenes des Bodens von 7 bis 8 mm. Soll das Aquarium 100 x 50 x 60 cm (Länge x Breite x Höhe) messen, wird es in gefülltem Zustand an die 300 l Wasser enthalten, und die Scheiben müssen entsprechend dick, nämlich 10 mm für die Seitenwände und 12 mm für den Boden, gewählt werden.

**TIPP**

### *Das Kleben mit Silikon*

*Das entfettete (z. B. mit Aceton), gereinigte und getrocknete Glas wird auf einer ebenen Fläche, etwa einer Tischplatte, zusammengefügt und -geklebt. Anfänglich und ohne Übung wird die Kautschuknaht von unregelmäßiger Dicke sein. Das lässt sich am besten mit dem Finger regulieren, den man vorher in einer Seifen- oder Spülmittellösung anfeuchtet.*

Sind die benötigten Dicken nicht erhältlich, nimmt man die nächstdickere und nicht -dünnere Scheibe. Im Handel besorgt man sich danach einen Spezialkleber, der in Kartuschen verschiedener Größen angeboten wird. Gute Händler haben ein Merkblatt, in dem genau beschrieben steht, wie der Silikonkleber verwendet werden muss.

Selbstverständlich kann man nicht bloß ein Nurglas-Aquarium selbst bauen, sondern auch die beiden anderen Arten, das Vollglas- und das Gestell-Aquarium. Dazu benötigt man die entsprechenden Kunststoff-, Aluminium- oder Eisenrahmen bzw. -gestelle. Man erhält sie im gut sortierten Handel. Letztere kann man sich auch vom Bau- oder Metallschlosser nach eigenen Angaben anfertigen lassen.

Bei solchen Eigenkonstruktionen ist darauf zu achten, dass sämtliche Flächen, die mit Glasscheiben in Berührung kommen, vollständig eben sind. Andernfalls kommt es durch den hohen Wasserdruck früher oder später zu einem Scheibensprung oder gar zum Platzen des Aquariums! Die entsprechend dicken Scheiben werden wie beim Nurglas-Aquarium mit Silikonkautschuk eingeklebt. Pro 0,5 cm Kautschukdicke rechnet man bei normaler Raumfeuchtigkeit mit einer Trocknungszeit von 24 Stunden.

**TIPP**

### Aquarien-Klebekurse

*Manche Aquarienvereine bieten von Zeit zu Zeit Aquarien-Klebekurse an. Aus erster Hand bekommt man Hilfestellung, und unter sachkundiger Aufsicht kann man sich an zwei, drei Abenden das Wunsch-Aquarium selbst zusammenbauen.*

# Der Standort

Bei der heute gebräuchlichen Beleuchtungstechnik kann das Aquarium an einen beliebigen Platz im Zimmer gestellt werden, wobei man, wie schon angedeutet, auf das Gewicht des Aquariums zu achten hat. Schwere, weit über 100 kg wiegende Becken und Möbel sollte man an einer Wand platzieren und nur dann zur Unterteilung eines Raumes benutzen, wenn man die Tragfähigkeit des Bodens kennt. Wohnt man im Erdgeschoss, das nicht unterkellert ist, fallen solche Probleme natürlich weg; das Gleiche gilt, wenn die Anlage in einem Bastel- oder Hobbyraum, der sich meist im Untergeschoss befindet, aufgebaut wurde.

Günstig als Standorte sind die im Wohn- oder Arbeitszimmer der Fensterfront entgegengesetzten Ecken und Wände. Sie sind so weit vom Tageslicht entfernt, dass dieses keinen großen Einfluss auf das Algenwachstum hat, und die Sonne spiegelt sich nicht in den Aquarienscheiben. Im Übrigen sei darauf hingewiesen, dass der Großteil aller tropischen Zierfische in Gewässern lebt, die z. T. trüb, z. T. stark gefärbt sind (durch Schwebestoffe) oder aber durch Waldgebiete fließen, deren Blätterdach kaum Sonnenstrahlen bis zum Boden durchdringen lässt, sodass immer ein mehr oder weniger dämmriges Licht herrscht.

# Das Gestell

Wichtig ist außerdem die Frage, ob man das Aquarium auf ein Holz- bzw. Metallgestell oder auf ein Möbelstück setzen will. Auch hier spielt das Gewicht des Beckens bei der Wahl eine entscheidende Rolle. Vierkantrohre mit einer Seitenlänge von 3 bis 4 cm, zu einem Rahmen in der Größe der Aquariengrundfläche verschweißt und 50 bis 70 cm hoch, eignen sich für schwere Aquarien besser als Holzgestelle. Man kann sie passend zur übrigen Möblierung lackieren und mit Vorhängen oder Türen versehen. Wie bei den speziellen Aquarienmöbeln haben in diesem Metallgestell all die technischen Apparate und die Utensilien Platz, die man im Zusammenhang mit den eigenen Zierfischen benötigt: Pumpe, Heizungsteile, Außenfilter, Fischfutter, Kescher, Ersatzsteine, Wurzeln und dergleichen mehr.

Das Gewicht des Aquariums sollte auf eine möglichst große Fläche verteilt werden. Also nicht nur auf einen Gestellrahmen, sondern z. B. auf eine Tischlerplatte von 25 bis 30 mm Dicke, die auf dem Rahmen zu liegen kommt. Je größer das

**TIPP**

**Besser als Fernsehen**

*Für Schlafzimmer sind Aquarien nur bedingt geeignet, da Pumpe, Filter und Luftzufuhr nicht geräuschlos arbeiten – auch wenn moderne Geräte nur noch summen. Ideal ist ein Standort im Blickfeld einer Sitzgruppe: Das uns von den Fischen „gebotene" Programm übertrifft bezüglich Originalität und Abwechslung im Übrigen sämtliche TV-Sender!*

Becken, umso wichtiger ist seine absolute Planlage, damit in den Scheiben keine Spannungen entstehen, die unweigerlich zu Rissen führen würden. Eine 5 bis 10 mm dünne Styroporplatte ist die ideale „Federung" zwischen Aquarium und Aquarienmöbel oder -gestell. Handelt es sich um ein größeres Becken etwa ab 80 kg, dann bringt man es besser an seinen Standort, bevor man Kies und Wasser eingefüllt hat – andernfalls hat man sich viel Arbeit umsonst gemacht, denn ein gefülltes Aquarium kann und soll nicht mehr bewegt, d. h. umhergetragen werden.

# Kalt- oder Warmwasser?

Wer sich bei langjährigen Aquarianern zu Hause umsieht, wird feststellen, dass überwiegend, wenn nicht ausschließlich, farbenprächtige, oft schillernde, prachtvoll verzierte und beflosste Fische gehalten und gepflegt werden.

Der Kenner weiß sofort: Diese Fische kommen fast immer aus tropischen Gebieten, aus dem südlichen Amerika, aus Afrika und Asien und nur in ganz geringem Umfang aus gemäßigten Breiten. Diese tropisch-subtropischen Gäste haben in ihren heimatlichen Gewässern Temperaturen, die weit über denen Mitteleuropas liegen und kaum tages- und jahreszeitliche Schwankungen aufweisen. Nachts mögen die Werte um 1 oder 2 °C absinken und während der Regenzeit etwas tiefer sein als in der heißen Trockenzeit. Aber das Ganze spielt sich in engen Grenzen ab. Unsere Gewässer hingegen zeigen enorme Temperaturschwankungen, an die sich zwar die einheimischen Fischarten angepasst haben, die jedoch kein Fremdling aus warmen Ländern auch nur kurze Zeit überleben könnte. Die europäischen und nordamerikanischen Fische kommen bezüglich Farbigkeit und Attraktivität gegenüber ihren exotischen Vettern eher stiefmütterlich weg; sie sind überwiegend unscheinbar gefärbt – sieht man einmal vom dreistacheligen Stichlingsmännchen im Brutkleid ab – und bieten auch im Schwarm nicht die äußerliche Schönheit von Neon-, Glühlicht- oder Kongosalmlern. Nur einige Zuchtformen des Goldfisches und des in Japan entstandenen Kois, einer Karpfenart, können sich mit den Warmwasserarten messen.

Die Entscheidung für oder gegen Kalt- bzw. Warmwasserfische lässt sich somit – etwas vereinfacht – auf die Formel bringen: Möchte ich kleine, aktive und bunte Fische, die mein Wohnzimmer-Becken beleben, oder lieber äußerlich unscheinbare, die jedoch an die Wasserqualität, den Sauerstoffgehalt und die Ernährung eher höhere Ansprüche stellen als die Arten warmer Länder? Die Entscheidung fällt, richtigerweise, beim Anfänger fast immer zu Gunsten der Warmwasserfische aus. Die Haltung der am weitesten verbreiteten und beliebtesten Arten wird dem Liebhaber heute durch den Handel so einfach gemacht, dass es kaum noch ungelöste Probleme gibt.

# Der technische Standard

Fast sämtliche unserer bunten Zierfische kommen aus tropischen Gewässern, in denen das ganze Jahr über Temperaturen zwischen etwa 22 und 28 °C herrschen. Wir können sie folglich bei uns nicht in ein Aquarium setzen, dessen Wasser Zimmertemperatur aufweist, sondern müssen mittels einer Heizung das Wasser erwärmen und auf gleich bleibenden Werten halten.

Aquarien sind kleine Ausschnitte aus natürlichen Lebensräumen und enthalten meist Wasser, Kies, Pflanzen und Fische. Im Gegensatz zu den größeren und großen Gewässern in ihren Ursprungsgebieten sind die Fische jedoch nicht Teil eines ausgewogenen ökologischen Gleichgewichts, sondern einer künstlich geschaffenen Welt.

Wir müssen das Wasser reinigen, indem wir es durch einen Filter hindurchfließen lassen, der Abfall- und Giftstoffe zurückhält. Meist benötigt das Aquarium auch eine Belüftung durch eine Luftpumpe, die frischen Sauerstoff zuführt und zudem Strömung erzeugt, die von vielen Fischarten zu ihrem Wohlbefinden benötigt wird.

Nebst Heizung und Filter gehört zum minimalen technischen Standard der Aquarienausrüstung die Beleuchtung. Sie sorgt zum einen dafür, dass Pflanzen und Fische genügend, aber auch nicht zu viel Licht erhalten und zum anderen für die beste optische Präsentation des Beckens „nach außen", d. h. für den Betrachter.

# Die Heizung

Die von Anfängern am häufigsten verwendete Wärmequelle, die für Beckengrößen bis etwa 500 l reicht, ist die Stabheizung. Dabei handelt es sich um einen Glaskolben, in dem sich Heizelemente befinden, die durch Elektrizität erwärmt werden und diese Wärme an das Wasser abgeben. Heizstäbe gibt es in vielen Größen und Wattstärken. Man befestigt sie mit Saugnäpfen senkrecht im Aquarium an der Scheibe, am besten in einer der hinteren Ecken. Die Heizstäbe

sind zwar grün gefärbt, aber deswegen nicht besonders schön. Man kann sie so im Becken platzieren, dass sie dem Betrachter nicht gleich auffallen – etwa hinter einer größeren Pflanze oder einem Wurzelstock, aber immer so, dass das Wasser zirkulieren kann. Andernfalls wird die Ecke auf einen bestimmten Wert aufgeheizt, und der Rest des Aquariums bleibt wesentlich kühler.

**TIPP**

### Das Thermometer

*Die Wassertemperatur wird mit einem Thermometer, das möglichst weit vom Heizstab entfernt angebracht wird, regelmäßig kontrolliert. Verwendet man die althergebrachten Glasthermometer, werden diese im Aquarium befestigt, und zwar so, dass man ohne große Verrenkungen den Wert ablesen kann.*

# Der Thermofilter

Der Thermofilter, der außerhalb des Aquariums aufgestellt wird, hat einerseits Filterfunktionen – wir kommen auf den nächsten Seiten darauf zurück –, und andererseits heizt er das gefilterte Wasser auf den gewünschten Wert auf und lenkt es ins Becken zurück, wobei als dritter nützlicher „Arbeitsgang" das Wasser gleichzeitig umgewälzt und dadurch mit Sauerstoff angereichert wird.

Thermofilter haben gegenüber Stabheizern und konventionellen Filtern einige Vorteile. Die Heizleistung ist auf die Leistung des Filters abgestimmt, und die Installationen im Aquarium beschränken sich auf ein Minimum: die Zuleitung des gefilterten und gewärmten Wassers und ein Temperaturfühler, der die Werte dem Bedienungsteil meldet. Stabheizung und Thermofilter müssen bezüglich ihrer Größe dem Aquarium angepasst sein. Es ist völlig überflüssig, ein 100-l-Becken mit einem 500-W-Heizstab auszustatten. Man kann davon ausgehen, dass für ein Becken, das in einem geheizten Wohn- oder Arbeitszimmer steht, pro Liter Inhalt etwa 0,5 W benötigt werden. Für besagtes 100-l-Becken genügt deshalb ein Stabheizer mit einer Leistung von 50 bis 60 W.

Die gewünschte Wassertemperatur kann mittels des im Heizstab untergebrachten Thermostates oder über einen Temperaturregler, an den sich zwei, drei und mehr Heizungen verschiedener Aquarien anschließen lassen, eingestellt werden. Entschließt man sich hingegen für einen Thermofilter, kann man sich an die Angaben des Herstellers halten, der Geräte verschiedener Größen anbietet. Kleinere Thermofilter sind für Aquarien bis etwa 300 l ausgelegt, größere für solche bis 600 und mehr Liter Inhalt. Sie wälzen pro Stunde 500 bis 750 l Wasser um, führen es durch den Filter und halten es auf den benötigten Temperaturwerten.

# Der Filter

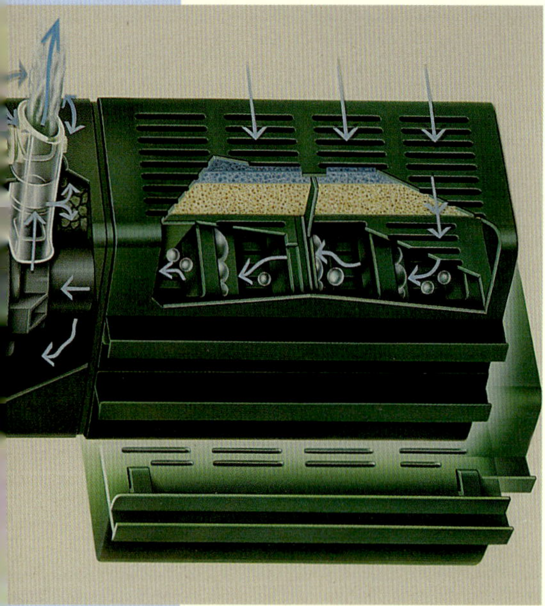

Ebenso wichtig wie die Heizung ist der Aquarienfilter. Seine Hauptaufgabe ist es, das Wasser sauber und klar zu halten, das zerbrechliche Gleichgewicht zu bewahren. Futterreste verderben sehr schnell im warmen Wasser, die Ausscheidungen der Fische verringern die Wasserqualität, und vermodernde Pflanzenteile müssen entfernt werden.

Bei einem Innenfilter befinden sich Filter und Filtermasse im Aquarium, beim Außenfilter außerhalb des Beckens, z. B. verborgen im Aquarienmöbel oder im Gestell, auf dem das Aquarium steht. Beide Filterarten arbeiten jedoch auf die gleiche Weise: Wasser wird von einer Pumpe, die sich hinter dem Filter befindet, angesaugt und durch das Filtersubstrat geleitet. Dieses kann aus feinporigem Schaumstoff, aus porösem Spezialglas, aus Filterkohle, Keramik, Lavagranulat oder Kies bestehen. Es hält auf mechanischem Weg die Abfälle zurück oder wandelt auf biologischem oder auch auf chemischem Weg giftige Verbindungen in ungiftige um.

Es liegt in der Natur der Sache, dass sich Filter mehr oder weniger schnell mit Schadstoffen anreichern. Ihre Wirkung lässt dann rapide nach. Die Filtermasse muss deshalb von Zeit zu Zeit, je nach Beanspruchung, gereinigt oder ersetzt werden. Besteht das Filtermaterial aus hellem Schaumstoff oder aus Spezialglas, lässt sich an der zunehmenden Verfärbung und Verdunkelung erkennen, wann es Zeit für eine Reinigung ist. Das Filtersubstrat wird mehrmals in handwarmem Wasser – aber ohne Reinigungsmittel! – ausgespült, bis das Wasser klar bleibt. Dann kann es ein weiteres Mal verwendet werden. In einem „normal" besetzten Aquarium wird man die Filtermasse alle zwei bis vier Wochen reinigen und nach etwa einem halben Jahr durch frische ersetzen müssen.

# Außen- oder Innenfilter

Innenfilter werden dort verwendet, wo sie den Anblick der Anlage, des Landschafts- und Gesellschaftsaquariums nicht beeinträchtigen. Aber auch in kleineren Becken von unter 100 l

Fassungsvermögen kommen sie zum Einsatz. Es gibt sie in kleinster Ausführung für Aquarien von 20 bis etwa 40 l. Das Filtervolumen beträgt weniger als 90 $cm^3$, und die Pumpe befördert pro Stunde zwischen 50 und 150 l Wasser. Ihre Außenmaße sind bescheiden und liegen bei 130 x 60 x 50 mm. Geräte für Aquarien ab 200 l haben eine Filtermasse von 600 bis 700 $cm^3$, reinigen pro Stunde gut 1 000 l Wasser und messen etwa 350 x 70 x 80 mm. Neuere Modelle können wahlweise mit verschiedenen Filtermaterialien, die mechanisch, chemisch oder biologisch wirken, gefüllt werden. Sie reinigen das Wasser, versetzen es zugleich in Bewegung und bringen, über einen kleinen Plastikschlauch und einen Diffusor, frischen Sauerstoff ein.

Außenfilter fallen weniger auf und sind, wohl als Hauptvorteil gegenüber den Innenfiltern, für die Reinigung leichter zugänglich. Die Filtermasse kann entfernt, gereinigt oder ersetzt werden, ohne dass man ins Aquarium hineingreift (und dabei die Fische stört). Die Maße der Außenfilter sind etwas größer als jene der Innenfilter, aber das spielt bei den Unterbringungsmöglichkeiten, die man bei ihnen hat, eine untergeordnete Rolle. Es gibt inzwischen auch Außenfilter für kleinere Becken mit einem Inhalt von 50 bis 80 l. Sie werden von außen an die hintere Aquariumwand gehängt und haben beachtliche Förderleistungen von 200 bis 300 l/Std.!

Der Stromverbrauch der neuesten Filtergeneration verschiedener Hersteller ist übrigens erstaunlich gering; er beträgt für die durchschnittlichen Beckengrößen (etwa 80 bis 200 l) lediglich 5 bis 15 W.

# Der Filterkauf

Um dem Aquarien-Neuling die Entscheidung über Innen- und Außenfilter sowie Filtermaterial ein wenig zu erleichtern, nachfolgend einige Hinweise:

Verwenden Sie einen modernen Innenfilter in Becken bis zu einem Inhalt von etwa 100 l und den Außenfilter für größere Aquarien und nur dann, wenn Sie ihn so unterbringen können, dass er nicht zu sehen ist.

Achten Sie darauf, dass das Filtermaterial mit wenigen Griffen entfernt und ersetzt werden kann (z. B. Filterpatronen), damit die Fische möglichst wenig beunruhigt werden.

Nehmen Sie nicht das billigste Produkt, sondern das mit den meisten Möglichkeiten (verschiedene Filtermaterialien, Anschlussmöglichkeiten für Sauerstoffzufuhr usw.).

***TIPP***

**Für Ihre Sicherheit**

*Wenn Sie am und im Aquarium arbeiten und mit Wasser in Berührung kommen, dann unterbrechen Sie für kurze Zeit die Stromzufuhr. Ein einziges defektes Gerät kann – besonders in Verbindung mit Wasser – lebensgefährlich sein. Eine besonders empfehlenswerte Maßnahme zum Schutz vor elektrischen Schlägen ist die Verwendung eines Fehlerstrom-Schalters. Er wird zwischen Steckdose und Aquarienanschlüssen verwendet und unterbricht in Sekundenbruchteilen den Stromzufluss, sobald dieser, beispielsweise über den Körper, fehlgeleitet wird.*

Filtern Sie vorerst mechanisch, d. h. mit Schaumstoff, Glaswatte oder Tonröhrchen, und versuchen Sie sich erst mit einiger Erfahrung an chemischen und biologischen Filtern. Reinigen Sie das Filtermaterial am Anfang lieber in kürzeren Intervallen – vor allem dann, wenn nach dem Einrichten eines Aquariums viele Schwebestoffe im Wasser sind.

Legen Sie sich einen mechanischen oder elektrisch betriebenen Schlammabsauger zu. Damit können abgestorbene Pflanzenteile, größere Futterreste und tote Fische entfernt werden, ohne dass der Aquariumfilter beansprucht wird.

# Die Beleuchtung

Ein Aquarium mit exotischen Fischen – auch wenn diese seit Generationen bei uns nachgezüchtet werden – sollte rund zwölf Stunden lang beleuchtet werden. Tageslicht ist aus verschiedenen Gründen nicht die richtige Lichtquelle. Es entspricht in seiner Farbzusammensetzung, Menge und Intensität kaum dem Licht der tropischen Sonne. Im Handel sind die unterschiedlichsten Beleuchtungssysteme und -arten erhältlich. Die teuren, guten sind in Bezug auf ihre Farbzusammensetzung für Pflanzen und Fische ideal, die billigen sind wenig empfehlenswert und lediglich ein Notbehelf. Sie gehören oft zu „Pauschalangeboten", z. B. für ein Aquarien-Set, das aus Becken, Stabheizung, Innenfilter und Abdeckung mit Leuchte besteht.

Das Sonnenlicht verändert im Laufe des Tages seine Farbtemperatur. Frühmorgens und am späten Nachmittag überwiegen die roten Töne, tagsüber die blauen. Für die Aquarienbeleuchtung benötigen wir Lampen mit hohem Blauanteil. Die im Haushalt verwendeten Glühbirnen eignen sich aus verschiedenen Gründen nicht zur Aquarienbeleuchtung: Ihr Rotanteil ist zu hoch, die Lichtleistung zu schwach, und zudem entwickeln sie beträchtliche Wärme. Außerdem ist der Stromverbrauch im Verhältnis zur Leistung viel zu hoch. Sparlampen benötigen zwar weniger Energie, sind aber ansonsten in allen negativen Aspekten den Glühbirnen gleichzusetzen. Am gebräuchlichsten sind heute Leuchtstoffröhren, die es in verschiedenen Farbtemperaturen gibt, u. a. Tageslicht, Warm- und Weißton sowie Röhren mit einem starken Violettton, der Pflanzen und vor allem rote Fische jedoch in unnatürliches Licht taucht. Zu empfehlen ist eine Beleuchtung mit zwei verschiedenen Fluoreszenzröhren; die eine in Tageslicht, die andere in Warmton, bzw. eine Warm- und eine Weißtonröhre. Für Aquarien, die höher als etwa 60 cm sind, reichen die Leuchtstoff-

röhren kaum aus. Wasser absorbiert das Licht sehr stark – besonders, wenn es durch Torffilter braun gefärbt wird oder viele Schwebestoffe enthält. In 10 cm Wassertiefe sind nur noch 50 % der Lichtmenge vorhanden, die auf die Wasseroberfläche trifft und in 50 cm Wassertiefe noch ganze 5 %! Speziell gut geeignet als Aquarienbeleuchtung sind die modernen,

allerdings teuren Quecksilberdampf-Hochdrucklampen und die Halogen-Metalldampflampen. Beide werden 10 bis 20 cm über dem Aquarium aufgehängt, bieten eine große Lichtfülle in Tageslichtqualität und eignen sich besonders für dichten Pflanzenwuchs. Leider entwickeln sie ziemlich viel Wärme und dürfen deshalb nicht zu nah an die Wasseroberfläche gebracht werden. Bei ihrer Verwendung kann man das Aquarium nicht mit einem Metall- oder Kunststoffdeckel, sondern nur mit Glasscheiben abschließen (diese verhindern, dass Fische aus dem Becken springen, etwa wenn sie sich erschrecken oder von anderen gejagt werden).

**TIPP**

## So geht's nicht

*Falsch wäre es, tagsüber das Aquariumlicht auszuschalten und nur morgens und abends bzw. an trüben Wintertagen brennen zu lassen. Fische und Pflanzen benötigen eine bestimmte, in ihrem Erbgut verankerte Lichtmenge und reagieren sehr empfindlich auf Schwankungen.*

Ausgang N

# Die Lichtmenge

Die Stärke der Lampen sollte sich nach der Größe des Aquariums, nach der Klarheit des Wassers sowie dem Lichtbedarf der Pflanzen und Fische richten. Als Anhaltspunkt gilt: pro Liter Wasser ca. 0,5 W. Das ergibt bei einem 100-l-Becken 50 W (= zwei Röhren à 30 W) und bei einem 200-l-Aquarium 100 W, d. h. drei Röhren à 30 W. Die Aquarienpflanzen sind lichthungriger als die Fische!

Nitratbelastetes Wasser erhöht zudem den Lichtbedarf der Vegetation. Wird er nur unvollständig gedeckt, beginnen empfindlichere Pflanzen allmählich zu verkümmern und abzufaulen.

Selbstverständlich haben nicht alle Pflanzen und Fische ein gleich großes Lichtbedürfnis. Im Kapitel über die Aquarienpflanzen werden wir einige robustere Arten vorstellen, mit denen der Anfänger sein Becken erst einmal bestücken sollte. Ist den Fischen das Licht zu hell, können sie den Pflanzenschatten aufsuchen oder sich vermehrt im Schatten von Wurzeln und Steinen aufhalten. In den Heimatgewässern sind die Lichtverhältnisse ja ähnlich: Da gibt es sonnenbeschienene Stellen, aber auch solche, die im Schatten von Bäumen und Sträuchern liegen.

Eine große Lichtmenge bringt allerdings meist auch ein beträchtliches Algenwachstum mit sich; Wasserschnecken und algenfressende Fischarten können hier etwas Abhilfe schaffen. Den Rest besorgt der Aquarianer mit dem Schaber oder dem Reinigungsschwamm.

Zwölf bis 13 Stunden lang sollte die Beleuchtung eingeschaltet sein; das lässt sich am einfachsten mit einer elektrischen Schaltuhr bewerkstelligen. An dieser kann man die Ein- und die Ausschaltzeit programmieren, und die ganzen Vorgänge laufen dann automatisch ab.

# Die „Tageszeiten“

Wenn das Aquarium nicht gerade im Schlaf-, sondern im Wohn- oder Arbeitszimmer steht, schaltet man das Licht morgens zwischen fünf und sechs Uhr ein und zwölf oder 13 Stunden später wieder aus.

Die Fische gewöhnen sich sehr schnell an diesen Rhythmus und suchen abends kurz vor dem „Lichterlöschen“ ihre Ruhe- und Schlafplätze auf.

Mit einem Dämmerungsschalter kann man sogar einen kurzen Sonnenauf- und -untergang simulieren: Das Licht nimmt z. B. zehn Minuten lang an Stärke zu bzw. ab, und die Fische sind morgens nicht von einer Sekunde zur anderen in grelles Licht getaucht und abends plötzlich in tiefer Finsternis.

Die Meinungen über Dämmerungsschalter sind unter Fachleuten jedoch geteilt und wohl eher dazu da, dem Aquarianer das Gefühl von Morgen- und Abendstimmung zu vermitteln als den Fischen und Pflanzen eine artgerechte Beleuchtung zu bieten.

# Wichtige Hilfsmittel

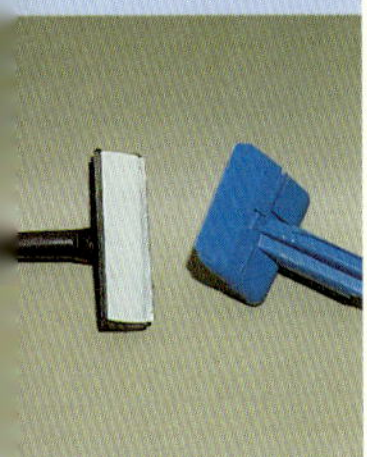

Im Handel wird dem Aquarienfreund eine große Menge an Hilfsmitteln angeboten, von denen ein beträchtlicher Teil unnütz ist oder mit wenig Aufwand selbst hergestellt werden kann. Einige Artikel sollte aber auch der Anfänger gleichzeitig mit dem Aquarienkauf anschaffen. Dazu gehört ein Kescher oder eine gläserne Fischfangglocke. Es kommt immer wieder vor, dass man einen Fisch aus dem Becken nehmen muss – sei es, weil er einen kranken Eindruck macht, weil durch Nachzuchten eine gewisse Überpopulation herrscht oder weil sich einige Exemplare untereinander bekämpfen. Die Öffnung des Keschers sollte die Größe einer offenen Hand aufweisen. Ist er kleiner, lassen sich die Fische damit nur schwer fangen. Mit einer Pflanzenzange lassen sich abgestorbene Blätter entfernen oder neue Pflanzen in den Boden stecken, ohne dass man deswegen gleich mit Hand und Arm ins Aquarium greifen muss. Es gibt sie in verschiedenen Längen und Ausführungen. 40 bis 60 cm sollte sie schon messen und vorzugsweise aus Kunststoff sein, der nicht rostet oder oxydiert.

Auch mit der besten Filteranlage sammeln sich regelmäßig nach einiger Zeit verrottende und abgestorbene Pflanzenteile im Aquarium an. Sie sinken meist an die tiefste Stelle des Bodens und bilden dort, wenn man zu lange wartet, einen dichten Teppich, der die Wasserqualität nicht gerade fördert. Am einfachsten entfernt man den Mulm mit einem Schlammabsauger oder einer Mulmglocke, die manuell oder elektrisch – mit Niederspannung dank eingebautem Trafo – betrieben werden. Jeder, der schon einmal Zierfische gehalten hat, kann vom Übel des ungezügelten Algenwachstums ein Lied singen. Wenn auch kaum eine Wasserpflanze gedeihen mag – die Algen wuchern und setzen sich überall, vor allem auch an den Scheiben, fest. Die einfachste Abhilfe, allerdings nur im Sinne einer Symptombekämpfung, ist die mechanische Entfernung des Algenteppichs. Hat sich dieser auf Pflanzen und Einrichtung ausgebreitet, bleibt einem fast nichts anderes übrig, als das Aquarium zu räumen und neu einzurichten.

Verziert er jedoch hauptsächlich die Scheiben, kann er mit einem Scheibenreiniger entfernt werden. Bei diesem einfachen Gerät handelt es sich meist um einen Schaber mit auswechselbarer Rasierklinge. Damit wird die Scheibe streifenweise sowie von oben nach unten von den Algen befreit. Diese wiederum kann man mit einem Schlammabsauger einsammeln und entsorgen. Beim Reinigen der Scheiben ist große Vorsicht geboten, damit keine Kratzer entstehen.

# Lebenswichtig: Ersatzteile

Für den Fall des Falles, nämlich eine Störung im Aquarienbetrieb, sollte man einige Ersatzteile bereithalten, die man möglicherweise nie braucht – umso besser. Dazu gehören ein paar Meter Schläuche mit verschiedenen Durchmessern

(10 bis 20 mm), wie sie für die Zuleitung des filtrierten und eventuell erwärmten Wassers, aber auch für den regelmäßig durchzuführenden Wasseraustausch benutzt werden. Bedingt durch Wärme oder Lichteinfluss können nämlich auch Plastikschläuche brüchig werden und Risse bekommen. Das geschieht nicht selten an Wochenenden und nach Ladenschluss! Aber auch ohne Filter (sofern es sich nicht um einen Thermofilter handelt) kann ein Aquarium eine gewisse Zeit funktionsfähig bleiben.

Werden die Fische mit Sauerstoff unterversorgt, schwimmen sie zur Wasseroberfläche und schnappen nach Luft. Wer einem Filterausfall begegnen will, ohne gleich ein recht teures Ersatzgerät zu kaufen, legt sich eine kleine, günstige Luftpumpe sowie einige Meter dünnen Plastikschlauch zu, der auf den Auslassnippel der Pumpe passt. Kommt es zum Filterversagen, kann man wenigstens frische Luft in das Aquarium einleiten. Verbindet man den Plastikschlauch mit einem Ausströmer – meist einem porösen Stein – wird die Luft in feinen Bläschen vom Boden zur Oberfläche hochsteigen, das Wasser bewegen (zusätzliche Sauerstoffaufnahme) und es mit Sauerstoff anreichern. Ein solches Becken bleibt biologisch einige Tage intakt.

Ohne Heizung ist dagegen bald Totenstille im Aquarium. Fische, die an Temperaturen um 25 °C gewöhnt sind, überleben solche von 20 °C und darunter nicht lange. Es ist deshalb angezeigt, eine zweite Heizung in Reserve zu haben. Dabei kann es sich um die einfachste und günstigste Stabheizung handeln (eine Alternative können Kollegen sein, die dem gleichen Hobby frönen und bei einer Panne einspringen können) –

Hauptsache, die Wassertemperatur lässt sich auf der benötigten Höhe halten, wobei eine Schwankung im Bereich von 2 bis 3 °C von den meisten Fischen problemlos vertragen wird.

Der erfahrenere Aquarianer hat oft auch folgende Dinge vorrätig: Schlauchklemmen, -schellen und -verbindungen, Silikon-Kleber für kleine Reparaturen, eine Abdeckscheibe für das Aquarium (sie geht sehr oft zu Bruch), Ersatzbirnen, Thermometer, ein kleines Aquarium als Quarantänestation, Filtermaterial und ein so genanntes Wassertest- und -pflegeset (damit können wir jederzeit die chemische Beschaffenheit des Wassers kontrollieren und, wenn nötig, korrigieren) sowie eine Notfallapotheke für unsere Zierfische.

TIPP

**Beratung und Erste Hilfe**

*Mindestens ebenso wichtig und nützlich wie all die oben beschriebenen Hilfsmittel und Ersatzteile ist jedoch ein direkter Draht zu einem erfahrenen Aquarianer oder einem Händler, der gegebenenfalls auch sonntags erreichbar ist.*

# Das Wissen um das Wasser

Nahezu drei Viertel der Erdoberfläche sind von Wasser bedeckt, aber nur ein geringer Prozentsatz davon ist Süßwasser. Der große Rest besteht aus mehr oder weniger stark salzhaltigem Brack- und Meerwasser. Die Chemie des Wassers ist heute weitgehend bekannt und lässt sich in verschiedenen Werten ausdrücken. Die Wasserhärte und der pH-Wert sind die beiden wichtigsten; deren ungefähre Bedeutung sollte auch der Anfänger kennen. In der Natur gibt es kein „neutrales", d. h. chemisch reines Wasser. Es enthält zahlreiche gelöste Stoffe (Mineralien, organische Stoffe) und Gase. Diese haben einen entscheidenden Einfluss auf die Wasserzusammensetzung und -qualität. Wasser, das für uns u. U. völlig ungenießbar ist, kann für bestimmte Fische und andere Lebewesen das ideale Element sein, an das sie sich in Jahrmillionen bestens angepasst haben. Alle unsere Zierfische leben in Gewässern mit einer ganz bestimmten Zusammensetzung, die je nach Standort sehr stabil oder aber einem dauernden Wechsel unterworfen ist. In Gebieten mit ausgeprägten Trocken- und Regenzeiten weisen die Gewässer einen großen Schwankungsbereich auf.

**INFO**

### *Wasser ist nicht gleich Wasser*

*Ebenso wenig, wie es ein einheitliches Meerwasser gibt, findet man ein einheitliches Süßwasser. Seine chemische Zusammensetzung hängt von vielen Faktoren ab, u. a. von den Stoffen, die durch Regen und Ausspülungen ins Wasser gelangen, und denjenigen, die Pflanzen und Tiere ins Wasser abgeben bzw. die durch chemische Reaktionen entstehen.*

# Die Wasserhärte

Die Gesamthärte des Wassers (sie setzt sich aus sämtlichen im Wasser gelösten Salzen zusammen) wird mittels elektronischer Messgeräte oder, weniger genau, aber für den Aquariumbereich meist ausreichend, mit Indikationsflüssigkeiten ermittelt und in °dH (Grade deutscher Härte) ausgedrückt.

Fast alle Zierfische leben in ihren Heimatgewässern in weichem bis mittelhartem Wasser. Jeder Fisch hat eine Toleranzspanne bezüglich der Wasserhärte, in der er existieren, sich wohl fühlen und auch fortpflanzen kann. Je kleiner diese ist, umso empfindlicher ist die Art gegenüber Härteschwankungen, die aufgrund chemischer Vorgänge in jedem Becken auftreten können.

Der Anfänger wird sich also am besten erst einmal mit Fischen versuchen, die eine beträchtliche Anpassungsfähigkeit besitzen und keine allzu großen Ansprüche an das Wasser stellen. Zwar spielt für das Wohlbefinden der Fische und Pflanzen eine weitere Härte, die Karbonathärte, eine wichtige Rolle. In einem mit vielen Pflanzen und relativ wenig Fischen besetzten Becken, das mit genügend Sauerstoff versorgt wird, bildet

**INFO**

**Weich oder hart?**

*Sehr weiches Wasser liegt bei Werten von 0 bis 4 °dH, um weiches Wasser handelt es sich bei Werten zwischen von 5 und 8 °dH. Mittelhartes Wasser hat einen Härtegrad von 9 bis 12 °dH. Von hartem Wasser spricht man bei 13 bis 20 °dH und bei Werten darüber von sehr hartem Wasser.*

sich jedoch ohne weiteres Zutun eine mittlere Karbonathärte, die für die Wasserchemie ideal ist und an der wir tunlichst nicht „herumdoktern" sollten. Erst wenn man feststellt, dass sich die pH-Werte nicht stabil halten lassen, sollte man mit einem erfahrenen Halter von Zierfischen über das Problem sprechen. Möglicherweise hängen die Schwankungen mit einer zu hohen oder zu niedrigen Karbonathärte zusammen.

Solange man aber anspruchslose und anpassungsfähige Fischarten hält, spielt die Wasserchemie keine so große Rolle wie bei empfindlichen Arten. Der Anfänger sollte sich deshalb nicht allzu viele Gedanken über Gesamthärte, Karbonathärte sowie pH-Werte machen, sondern sich an seinen Fischen freuen!

# Die Wasserhärte beeinflussen

Die Gesamthärte wird in unseren Breiten immer höher sein als die Werte, die unsere tropischen Zierfische in ihrer Heimat haben. Sie leben überwiegend in weichem, kalkarmem Wasser. Arten, die bezüglich der Härte nicht empfindlich sind, fühlen sich in unserem Leitungswasser sehr wohl, und wir müssen nichts daran ändern. Die „Südamerikaner" aus dem Amazonasgebiet und anderen tropischen Flüssen benötigen dagegen überwiegend weiches (enthärtetes) Wasser.

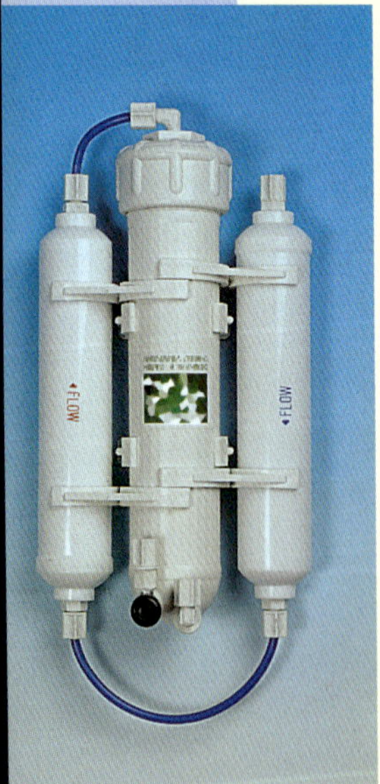


Weicheres, kalkarmes Wasser lässt sich auf unterschiedliche Weise gewinnen. Kleinere Mengen, etwa 10 bis 15 l, erhält man durch Aufkochen, wobei der Kalk ausgeschieden wird (Kesselstein), oder indem man destilliertes Wasser kauft und dieses dem Aquariumwasser beigibt, bis jene Gesamthärte erreicht ist, die den Fischen zusagt. Wer in einem Gebiet mit größeren Torfflächen wohnt, kann sich weiches Wasser aus einem Torfgraben oder -tümpel holen und es mit dem Aquariumwasser mischen. Wer mehrere Becken hat und regelmäßig Wasser enthärten muss, wird sich entweder einen so genannten Ionenaustauscher, mit dem sich das Wasser entsalzen lässt, zulegen oder aber, noch besser (und teurer), eine Umkehrosmose-Anlage. Diese Entsalzungstechnik wird mit großem Erfolg in der Seefahrt und auch in arabischen Staaten angewandt, die Meerwasser entsalzen, um

Süßwasser zu erhalten. Das durch Umkehrosmose aufbereitete Wasser ist nicht nur zu 98 bis 99 % salzfrei, sondern auch zu fast 100 % frei von Bakterien, Viren, organischen Giften und Schwermetallen. In seltenen Fällen, z. B. wenn man ostafrikanische Buntbarsche oder westafrikanische Zahnkarpfen züchten will, muss das Wasser auch aufgehärtet, also mit Kalk versehen werden. Das geschieht auf einfache Weise: Man fügt dem Aquariumwasser Kalk in Form von Kalksteinen oder Alabastergips zu, man düngt die Pflanzen mit Kohlendioxid oder man kauft einen GH-(Gesamthärte-)Bildner.

# Die Säure im Wasser

Die Säurekonzentration des Wassers hängt mit positiv und negativ geladenen Ionen zusammen und ist u. a. das Ergebnis von Humussäuren (organischen Substanzen) und Kohlensäure (anorganisch). Die Skala der pH-Werte beginnt bei 1 (sauer), geht über 7 (neutral) und endet bei 14 (alkalisch). Alle Gewässer unter pH 7 sind demnach mehr oder weniger sauer, jene darüber alkalisch oder basisch. Regenwasser ist mit einem pH-Wert von etwa 7 weitgehend neutral.

Die Mehrzahl der tropischen Zierfische, vor allem aber jene aus Regenwaldregionen wie Amazonas, Kongo, Zaire und den Flusssystemen Südostasiens, lebt in Gewässern mit pH-Werten zwischen 5,5 und 7. Maulbrüter aus den großen und tiefen ostafrikanischen Gewässern fühlen sich bei pH-Werten um 8, also bei alkalischen, am wohlsten, und einige Arten aus den flachen, sodahaltigen Seen Kenias und Tansanias, z. B. Nakurusee, Magadisee und Natronsee, vertragen alkalisches Wasser von 10 bis 11 pH. Sie können bei entsprechender Vorsicht – mit über Tage und Wochen verteiltem Wasserwechsel – an niedrigere Werte gewöhnt werden.

Die Einhaltung des pH-Wertes ist eine Grundvoraussetzung für das Wohlbefinden der Fische und ganz besonders für eine erfolgreiche Zucht.

# Den pH-Wert beeinflussen

Für empfindliche Fischarten, oder wenn man die Zucht von Zierfischen nicht dem Zufall überlassen will, muss man den Säuregrad (pH-Wert) des Aquarienwassers verändern und auf einen Wert einstellen, der den heimatlichen Gewässern der verschiedenen Spezies entspricht. Dazu gibt es folgende Möglichkeiten:

Man kauft eine Spezialflüssigkeit auf Torfbasis und gibt sie nach Anweisung dem Wasser hinzu. Oder man lässt das Aquarienwasser über einen Torffilter laufen, was ihm zwar eine leicht bräunliche Färbung, aber auch den gewünschten pH-Wert verleiht, der irgendwo zwischen 6 und 7 liegen dürfte. Soll der pH-Wert über den neutralen Punkt 7 hinaus erhöht werden, macht man dies am einfachsten mittels einer starken Sauerstoff-Belüftung des Aquariums. Das hat zur Folge, dass das Kohlendioxid weitgehend aus dem Becken getrieben wird und der pH-Wert beträchtlich ansteigt. Funktioniert die Belüftungsmethode nur unzureichend, kann man dem Aquarienwasser etwas Natriumhydrogenkarbonat (doppeltkohlensaures Natron) beifügen. 10 g in Wasser aufgelöst und ins 100-l-Becken gekippt, verändern den pH-Wert in Richtung alkalisch. Unser Leitungswasser ist im Allgemeinen neutral oder leicht alkalisch – Letzteres oft künstlich herbeigeführt, um die Leitungsrohre vor Korrosion zu schützen. Man wird also nur in Ausnahmefällen einen alkalischen pH-Wert anstreben.

# Giftstoffe im Wasser

Jedermann hat schon davon gehört, was sich im Bodensee, im Rhein oder in der Elbe und selbst in unserem Trinkwasser – das ja z. T. aus besagten Gewässern stammt! – an Giftstoffen nachweisen lässt. Wir müssen also davon ausgehen, dass auch das kristallklare Wasser, das aus der Leitung fließt, nicht ganz so rein ist, wie es scheint. Laboruntersuchungen würden uns beweisen, dass es z. B. Chlor, Kupfer, Eisen, Blei, Cadmium, Nitrat und andere Stoffe enthält, die den Zierfischen nicht bekommen. Jene, die auf dem Land wohnen und ein Fass unter die Regenrinne stellen, können zwar fast pH-neutrales Wasser auffangen, aber sauber, rein und schadstofffrei ist es deswegen noch lange nicht!

Giftstoffe gelangen aber vor allem auch durch die Pflanzen und Fische ins Wasser. Bei jedem lebenden Organismus laufen bestimmte Stoffwechselvorgänge ab, bei denen Verdauungsprodukte (Harnstoff und Harnsäure) ausgeschieden werden. Pflanzen sterben ganz oder teilweise ab, und das Futter wird von den Fischen nicht restlos aufgefressen und ver-

**INFO**

### Gibt es keimfreies Wasser?

*Die beste Lösung gegen Giftstoffe im Wasser ist das bereits erwähnte und kurz beschriebene Umkehrosmose-Gerät, das heute auch für kleinere Becken – ab etwa 100 l – angeboten wird. Die Wirksamkeit der Osmose ist so groß, dass praktisch alle Gifte und Salze entfernt werden und ein keimfreies Wasser zur Verfügung steht.*

dirbt. Es entstehen Stickstoffkonzentrationen in gefährlicher Höhe, die von den Bakterien nicht mehr vollständig abgebaut und von mechanischen Filtern im Aquarium nicht zurückgehalten werden können.

Daher gilt es, das Aquarium nicht mit Fischen vollzustopfen, sondern ein gutes Verhältnis zwischen Pflanzen und Tieren herzustellen, erstere nicht zu häufig zu düngen und letztere nicht zu stark zu füttern. Mit etwas Erfahrung findet der Aquarianer die „goldene Mitte" und muss sich weder um Wasserwerte noch um den Sauerstoff- und Kohlendioxidgehalt seiner Aquarienwelt Gedanken machen.

# Der Teilwasserwechsel

Im Abstand von einer bis drei Wochen sollte man Teile des Aquarienwassers durch Leitungswasser ersetzen. Warmes Wasser hat die Tendenz zu verdunsten; je höher die Wassertemperatur und je geringer die Luftfeuchtigkeit im Raum, desto mehr Wasser verdunstet. Deckscheiben verhindern ein Verdunsten nur teilweise, denn kein Aquarium kann und sollte luftdicht abgeschlossen werden. Bei offenen Aquarien, die von oben mit Halogen- und Hochdrucklampen beleuchtet werden, ist die Verdunstung natürlich besonders groß. Sie kann in einer Woche 10 % und mehr des Aquarieninhalts betragen. Salze und Giftstoffe bleiben jedoch im Restwasser zurück, sodass man nicht nur das verdunstete Wasser auffüllen, sondern auch einen Teil des Aquarienwassers ersetzen sollte. Bevor man neues Wasser einfüllt, saugt man etwaig angesammelten Mulm und Pflanzenreste ab.

Am leichtesten geht der Wasserwechsel mit einem Plastikschlauch, der einen Durchmesser von etwa 15 bis 20 mm hat, vonstatten. Man stellt einen 10- oder 15-l-Kübel auf den Boden beim Aquarium, steckt den Schlauch ins Becken, saugt das Wasser kurz an und lässt es in den Kübel laufen. So entfernt man zwischen 20 und 30 % des Beckeninhalts und ersetzt sie mit der gleichen Menge Frischwasser. Es bekommt den Fischen besser, wenn man das Leitungswasser vor dem Einfüllen ins Aquarium zwei bis drei Tage in einem Kübel stehen lässt. Sofern das Frischwasser im Kübel Zimmertemperaturen um die 20 °C angenommen hat, muss es vor dem Einfüllen nicht auf die gloiche Temperatur wie das Aquarienwasser

gebracht werden. Das Frischwasser lässt man ebenfalls mit einem Schlauch ins Aquarium einlaufen. Wenn man es, um Zeit zu sparen, mit dem Kübel eingießt, werden u. U. die Pflanzen und Fische umhergewirbelt, was ihnen nicht bekommt. Bei empfindlichen Fischen wie etwa dem Diskus müssen sowohl die Wassertemperatur als auch die pH-Werte und die Wasserhärte geprüft und wenn nötig korrigiert werden. Es gibt heute einfache und genaue Testsets, mit denen sich u. a. obige drei Werte, aber auch Sauerstoffgehalt, Eisen- und Kupferkonzentration, organische Säuren, Ammoniak, Phosphat, Kieselsäure und vieles mehr messen lassen.

Aber keine Bange: Wer so genannte Anfängerfische hält und pflegt, muss sich um die Zusammensetzung des Aquarienwassers nicht viele Gedanken machen.

**TIPP**

### Wann ist der Teilwasserwechsel fällig?

*Einen Teilwasserwechsel sollte man spätestens dann vornehmen, wenn das Wasser die Farbe von Bernstein annimmt. Ein weiteres Zeichen, dass die Wasserqualität sich mehr oder weniger drastisch verschlechtert, ist der Geruch. Riecht es abgestorben oder gar faulig, dann ist es höchste Zeit, mindestens 50 % Frischwasser zuzuführen.*

# Der gesamte Wasserwechsel

Muss man aus irgendwelchen Gründen einmal das gesamte Aquarienwasser austauschen, z. B. wenn man das Becken neu einrichten möchte, wenn eine Fischkrankheit

ausgebrochen ist oder wenn der Bodenbesatz durch Fisch- und Pflanzenabfälle völlig verschmutzt ist, dann ist der Aufwand wesentlich größer als bei einem Wasserwechsel in der Größenordnung von 20 bis 30 %. Zuerst müssen alle Fische herausgefangen – das geht u. U. leichter, wenn man vor dem Fang bereits ein Drittel des Wassers ablaufen lässt – und in ein Ersatzbekken gebracht werden. Sofern die Neueinrichtung innerhalb weniger Stunden vonstatten geht, kann man die Fische auch in Kübel setzen, die man abdeckt, damit die Tiere nicht herausspringen!

Man achte aber auf die Wassertemperatur im Eimer. Sie sollte nicht über längere Zeit um 4 bis 5 °C unter der gewohnten Temperatur liegen. Andernfalls muss von Zeit zu Zeit

**TIPP**

### *Die Grundreinigung*

*Das Auswechseln der gesamten Wassermenge ist höchstens einmal im Jahr (meist nur alle zwei Jahre) fällig und kann noch hinausgezögert werden, wenn im Becken das Gleichgewicht zwischen Pflanzen und Fischen in Ordnung ist – d. h. wenn das Aquarium nicht überbesetzt wird, sondern eher unter dem Mittel dessen liegt, was es aufgrund seiner Größe tragen könnte. Ein solches Aquarium ist dann wirklich pflegeleicht und über lange Zeit hinweg ein Schmuckstück jedes Hauses.*

warmes Wasser nachgefüllt werden. Wenn ein Ersatzbecken zur Verfügung steht, in dem die Fische einige Tage verbringen können, kann man sich beim Einrichten des Gemeinschaftsaquariums Zeit lassen und den Behälter gründlich reinigen. Die Wasserpflanzen werden in temperiertes Wasser gelegt, und anschließend entfernt man die ganze Einrichtung: Steine, Wurzeln, den Bodengrund, Heizung und Filter. Mit Leitungswasser spült man das Aquarium ein erstes Mal aus, um es dann von Algen und Schmutz zu säubern. Bei der Reinigung ist darauf zu achten, dass die Scheiben nicht zerkratzt werden. Hat man das

Becken ein zweites Mal ausgespült – kleine Aquarien kann man mit entsprechender Vorsicht in der Badewanne oder in der Waschküche säubern, große nur an Ort und Stelle und mit Hilfe eines Absaugschlauches –, füllt man frischen Kies und mehrfach gewaschenen Sand ein, bildet mit Steinen und Wurzeln neue Kulissen, montiert die technischen Geräte, die man vorher mit Schwamm oder weicher Bürste gut gereinigt hat und lässt das Becken zur Hälfte mit Frischwasser voll laufen.

Nun kann man abschließend die Pflanzen wieder einsetzen und neu gruppieren. Jene, die sich im Laufe der Zeit gut entwickelt haben, bekommen einen Stammplatz im Becken, während die faulen oder verkümmernden durch andere Arten ersetzt werden.

Sind alle Arbeiten im Aquarium erledigt, wird das Wasser bis einen Fingerbreit unter den Rand eingefüllt und dann mehrere Tage stehen gelassen. Heizung, Filter, Sauerstoffzufuhr und Beleuchtung sind bereits in Betrieb und schaffen in kurzer Zeit die Voraussetzungen dafür, dass die Fische vom Ersatzbecken ins Gemeinschaftsaquarium verbracht werden können. Das Wasser hat sich geklärt und ist farblos und durchsichtig, die Pflanzen wachsen an, und die Temperatur hält sich gleichmäßig auf der gewünschten Höhe. Hat man empfindliche Fische und kennt die neue Wasserqualität nicht näher, kann man zuerst einige Arten einsetzen, die nicht besonders anfällig gegen Schwankungen im pH- und Härtebereich sind. Wenn sie sich wohl zu fühlen scheinen, bringt man nach einem oder zwei Tagen auch die restlichen Tiere ins neu gestaltete und mit Frischwasser gefüllte Aquarium. Stellt man jedoch mit Hilfe von Testsystemen fest, dass sich die neue Wasserqualität von der alten stark unterscheidet, muss man entweder Wasser aus dem Ersatzbecken einfüllen oder mittels eines Wasseraufbereiters die gewünschte Qualität herstellen.

# Die Pflanzen im Wasser

Pflanzen verschönern ein Aquarium nicht nur, sie haben auch ganz „handfeste" Aufgaben. Sie sind zum einen die Voraussetzung dafür, dass im Becken ein Gleichgewicht zwischen Vegetation und Fauna entstehen kann.

Zum anderen bieten die Pflanzen den Fischen Verstecke sowie die Möglichkeit, sich gegen zu starkes Licht zu schützen, und sie dienen ihnen nicht zuletzt als Laichplatz und Kinderstube. Außerdem liefern sie den auch für Fische unentbehrlichen Sauerstoff und neutralisieren eine Reihe im Wasser gelöster Giftstoffe.

Selbstverständlich ist auch der optische Stellenwert eines schön bepflanzten Aquariums nicht zu unterschätzen. Die meisten Aquarianer betrachten ein gut bewachsenes, mit lebhaften Fischen besetztes Becken als Schmuckstück, das sie mit viel Liebe pflegen und ihren Besuchern vorführen.

**INFO**

### Schönheit ist kein Zufall

*Bis ein Aquarium hinsichtlich der Pflanzenwelt den Vorstellungen seines Besitzers entspricht, vergehen Wochen und Monate. Die gut gestalteten und gepflegten Becken in Tiergärten und bei erfahrenen Haltern täuschen oft darüber hinweg, dass hinter der Pracht einiges an Wissen und viel an Arbeit steckt. Nicht nur die Fische haben gewisse Ansprüche an die Qualität des Wassers, an seine chemische Zusammensetzung, an Beleuchtung und Nahrung. Auch Pflanzen als lebende Organismen benötigen in unserem Aquarium jene Bedingungen, die sie in den Gewässern ihrer Heimat vorfinden.*

# Die Voraussetzungen

**Wasserhärte und pH-Wert:** Sie sollten im mittleren Bereich liegen, d. h. eine Gesamthärte zwischen 5 und 15 °dH, eine Karbonathärte zwischen etwa 5 und 10 °dH und einen pH-Wert zwischen 6,5 und 7,3 aufweisen.

**Beleuchtung:** Die Lichtdauer sollte mindestens zwölf Stunden betragen. Die Lichtintensität lässt sich bei einem normalen, nicht zu hohen (bis 50 cm) Becken wie folgt berechnen: pro Liter Wasser 0,5 W von Tageslichtröhren oder Metalldampf- und Hochdrucklampen. Die Beleuchtungsdauer stellt man am besten mit einer programmierten Zeitschaltuhr ein.

**Sauberkeit:** Sowohl eine verschmutzte und verkalkte Abdeckscheibe auf dem Aquarium als auch trübes Wasser schlucken viel Licht, das den Pflanzen dann fehlt. Auch Schwimmpflanzen, die einen großen Teil der Oberfläche bedecken, lassen nur noch wenig Licht ins Becken einfallen. Die Scheibe reinigt man regelmäßig, das Wasser wird, auch im Interesse der Pflanzen, in zwei- bis dreiwöchigem Turnus zu 25 bis 30 % ersetzt.

**Bodengrund und Düngung:** Der Bodengrund ist für das Gedeihen der Pflanzen sehr wichtig. Anders als im Garten kann man im Aquarium keinen nährstoffreichen Humus einbringen. Die Wasserpflanzen haben sich jedoch an die veränderten Bedingungen angepasst und beziehen die benötigten Nährstoffe aus den Ausscheidungen der Fische und aus Futterresten sowie das für die Photosynthese erforderliche Kohlendioxid, das von den Fischen „ausgeatmet“ wird, aus dem Wasser. Für kleinere Aquarien und wenig empfindliche Pflanzen genügt eine gelegentliche Düngung in Tablettenform. Die Kohlendioxidwerte lassen sich mit einem im Handel erhältlichen Testset leicht selbst feststellen

Für die Düngung der Pflanzen gibt es im Handel eine ganze Menge spezieller Präparate, vor allem Flüssigdünger, Tabletten und Stäbchen. Deren Wirkstoffe werden von den Wasserpflanzen über die Wurzeln und die Blätter aufgenommen. Achtung: Die in Haus und Garten verwendeten Flüssigdünger und Stäbchen sollten unter keinen Umständen für die Düngung von Wasserpflanzen verwendet werden!

Bei der Düngung mit den speziell für Aquarien-Wasserpflanzen geschaffenen Präparaten halte man sich an die Hinweise des Herstellers. Zu starke Düngung belastet die Wasserqualität und -chemie und führt zudem zu vermehrtem Algenwachstum.

# Die Vielfalt der Arten

Bisher sind rund 4 000 verschiedene Arten von Wasserpflanzen beschrieben worden, die in den süßen Gewässern der Erde leben. Noch nicht einmal 10 % davon werden im Handel angeboten, aber doch eine so große Auswahl, dass der Aquarianer es nicht leicht hat, sich für einige wenige Arten zu entscheiden. Dabei darf man allerdings nicht nur auf das Äußere der Pflanzen schauen, z. B. auf ihre Attraktivität oder Dominanz im Becken, sondern muss zuerst ihre Bedürfnisse kennen und sich darüber klar werden, ob sie sich im geplanten Aquarium wohl fühlen. Es gibt Pflanzen, die nur in weichem Wasser gedeihen – man nennt sie Kalkflieher – und andere, die viel toleranter sind und denen fast jedes Wasser recht ist.

Das Gleiche gilt für die Wassertemperaturen. Die einen gedeihen bei 20 °C ebenso gut wie bei 30 °C, während andere, wie etwa die überaus schöne, aber schwierig zu pflegende Gitterpflanze *Aponogeton madagascariensis,* nur gerade den Bereich zwischen 20 und 22 °C mögen, leicht saures Wasser verlangen und gegen Algenbefall sehr empfindlich sind.

Der Anfänger sollte sich tunlichst nicht mit Raritäten befassen, die z. T. sehr teuer sind, sondern mit jenen Arten, die sich seit Jahrzehnten bewährt haben und so robust sind, dass sie Haltungsfehler nicht übel nehmen.

# Die Stängelpflanzen

Zu den beliebtesten und am weitesten verbreiteten Wasserpflanzen gehören jene, die einen langen, dünnen Stängel und feinste, nadelförmige Blätter haben. Unter diesen sind verschiedene **Tausendblattarten** (*Myriophyllum sp.*) zu finden,

die man bei Züchtern oder auch im Handel für wenig Geld bekommt und die sich problemlos vermehren lassen. Schon bald muss man das Tausendblatt ausdünnen, da es sonst das ganze Aquarium überwuchert und die Oberfläche zudeckt.

Beim Einsetzen achte man darauf, dass die Pflanzen nicht einzeln, sondern in Gruppen von fünf bis sechs Stängeln im hinteren Teil des Beckens leicht in den Grund gedrückt und mit etwas Kies beschwert werden. Andernfalls schwimmen sie wegen ihrer luftgefüllten Stängel bald an der Oberfläche. Sie treiben schnell Wurzeln und vermehren sich durch Seitensprosse. Ebenfalls feine, dichte Blätter an beweglichen Stängeln haben die Vertreter der Gattung **Haarnixe** (*Cabomba sp.*), die in der Neuen Welt zu Hause sind. Haarnixen stellen an Wasser, Licht und Düngung allerdings etwas höhere Ansprüche als Tausendblätter. Wenn sie gedeihen, besonders in kleinen Gruppen in den hinteren Ecken des Aquariums, sind sie jedoch sehr schön und für jedes Becken eine Zierde. Die „pflegeleichteste" unter den

*Cabombas* ist die **Karolina-Haarnixe** (*Cabomba caroliniana*). Sie gedeiht bei Temperaturen zwischen 20 und 30 °C, pH-Werten von 6,5 bis 7,3 und Karbonathärten von 3 bis 13 °dH. Was sie nicht mag, ist eine starke Umwälzung des Wassers. Sie sollte weit entfernt von Sprudelsteinen oder Diffusoren stehen. Wie alle *Cabombas* liebt sie klares Wasser, das frei von Schwebestoffen ist.

Aus dem mittleren und südlichen Südamerika, vor allem aus Argentinien und den angrenzenden Ländern, kommt ein **Froschbissgewächs**, nämlich die **Argentinische Wasserpest** (*Egeria densa*). In ihren heimatlichen Gewässern breitet sie

sich unter günstigen Umständen so stark und schnell aus, dass sie dort wirklich zu einer „Pest“ werden kann. Im Aquarium gedeiht sie in etwas härterem Wasser und bei Tempera-

turen um die 20 °C. Sie eignet sich für Kaltwasserbecken und vermehrt sich durch Seitentriebe, die man in den Boden steckt, wo sie rasch anwachsen. *Egeria densa* sollte, wie alle genannten Wasserpflanzen, im Hintergrund und an den beiden Schmalseiten entlang gepflanzt und in regelmäßigen Abständen entweder gekürzt oder ausgedünnt werden.

Die Familie der **Bärenklaugewächse** (*Acanthaceae*) ist in unseren Aquarien mit einigen anspruchslosen und recht leicht zu haltenden Arten vertreten. Viele von ihnen haben schlanke, elliptisch geformte oder lanzettförmige Blätter, und die meisten gedeihen unter fast allen in Süßwasseraquarien herrschenden Bedingungen. Zu diesen gehören *Hygrophila polysperma*, der **Indische Wasserfreund**, *H. corymbosa*, der **Große Wasserfreund**, und *H. difformis*, der **Indische Wasserstern** oder **Wasserwedel**.

Alle *Hygrophila*-Arten sind ausgesprochen eisenhungrig und müssen deshalb regelmäßig mit Flüssigdünger versorgt werden. Die meisten schätzen auch gutes Licht und eine gelegentliche Kohlendioxidzufuhr. Wenn die Blätter gelb werden und Flecken zeigen, wenn die untersten Blätter abfallen oder klein bleiben, lässt das auf einen zu niedrigen pH-Wert des Wassers schließen, mit anderen Worten, das Wasser ist zu sauer. Als letzte der für Anfängeraquarien geeigneten Stängelpflanzen sollen noch drei Vertreter verschiedener Familien erwähnt werden, die sich bei regelmäßiger Zufuhr von Eisendünger und Kohlendioxid leicht halten und vermehren lassen. Die eine ist der **Wasserportulak** (*Didiplis diandra*) aus Nordame-

rika, eine feinblättrige, nur 12 bis 15 cm hoch wachsende Pflanze, die bereits bei Wassertemperaturen ab 20 °C gut gedeiht – vorausgesetzt, sie erhält viel Licht (nicht unter Schwimm- oder großen Rosettenpflanzen platzieren). Die zweite ist das **Gemeine Hornkraut** (*Ceratophyllum demersum)*, eine Schwimmpflanze ohne Wurzeln, die frei im Wasser treibt. Sie vermehrt sich ebenso schnell wie intensiv. Man muss sie ständig ausdünnen, weil die anderen, bodenbewohnenden Pflanzen sonst zu wenig Licht bekommen. In Zuchtbecken eignen sie sich, wie auch die eingangs erwähnten Haarnixen, sehr gut als Versteck für Jungfische.

Die dritte Art, die jedes Becken optisch aufwertet, ist das **Rote Papageienblatt** (*Alternanthera reineckii*). Wie der Name bereits andeutet, handelt es sich um eine rote bis rötlichbraune Pflanze. Sie hat lange, lanzettförmige Blätter und kann bis etwa 50 cm hoch werden. Bekommt sie zu wenig Eisen und $CO^2$ und ist die Lichtintensität zu gering, verliert sie ihre rostrote Farbe, gewinnt diese aber wieder, wenn ihr die entsprechenden Dünger zugeführt werden und sie genügend Licht erhält. Sie ist ein empfehlenswerter Kontrastpunkt zu hellgrünen **Fettblättern** (*Bacopa sp.*) und den feingefiederten Haarnixen.

# Die Rosettenpflanzen

Die oft feinblättrigen, schmalen Stängelpflanzen, die in kleineren Gruppen am besten wirken, bilden in den meisten Becken sozusagen Grundbestand und Rahmen der Aquarienvegetation. Blickpunkte und Signale aber setzen eine ganze Anzahl von Rosettenpflanzen, die z. T. weit verbreitet sind, z. T. Raritäten bilden und deren Pflege an den Aquarianer höchste Anforderungen stellt.

Kleinere Arten mit dünnen, fingerlangen Blättern kann man wie die Stängelpflanzen in Gruppen und dichteren Beständen setzen. Größere mit kräftigen, oft handtellergroßen Blättern dagegen wird man solitär pflanzen und sie in den Vordergrund rücken.

Zu den anspruchslosen Arten, die sich für jedes Becken eignen, gehören in allererster Linie mehrere **Pfeilkrautarten** (*Sagittaria sp.*) aus dem nördlichen Amerika sowie verschiedene Vertreter der Gattung *Vallisneria*, der **Vallisnerien**. Eine Art, die **Gewöhnliche Wasserschraube** (*V. spiralis*), ist im südlichen Europa und in Nordafrika zu Hause und eignet sich gut für Kaltwasseraquarien. Aber auch in warmem Wasser (bis etwa 30 °C) gedeiht sie problemlos. Sie wird bis zu 50 cm groß und hat bandförmige, etwa 5 mm breite Blätter. Sie vermehrt sich leicht und durch Ausleger und kann andere, weniger robuste Pflanzen verdrängen, umso mehr als sie an die Karbonathärte und den pH-Wert nur geringe Ansprüche stellt.

Die oben erwähnten Pfeilkräuter sind ebenfalls gut für Anfängeraquarien geeignet. Sie haben, je nach Art, Blattlängen von 5 bis etwa 30 cm und können bei guten Wuchsbedingungen im Becken geschlossene Rasen bilden. Man pflanzt sie eher in der hinteren Aquarienhälfte an und überlässt die vordere den beliebten **Schwertpflanzen** (*Echinodorus sp.*), die zu den begehrtesten Aquarienpflanzen zählen. *Echinodorus* ist hauptsächlich im tropischen und subtropischen Südamerika zu Hause, besitzt aber Arten – etwa *E. cordifolius* –, die über Mexiko hinaus nordwärts gehen und Teile des wärmeren Nordamerikas besiedeln.

Schwertpflanzen sind überwiegend solitär und selten in Gruppen anzutreffen. Erst in Großaquarien, ab etwa 250 l, pflanzt man mehrere beisammen. *E. amazonicus*, die **Amazonas-Schwertpflanze**, *E. maior*, die **Riesen-Schwertpflanze**, und *E. bleheri*, die **Breite Amazonaspflanze**, werden maximal 50 cm hoch, bleiben jedoch meist darunter (Aquariengröße!). Kleinere Arten, die lediglich 15 bis 20 cm hoch werden, sind *E. horizontalis*, die **Horizontale Schwertpflanze**, *E. parviflorus*, die **Schwarze Amazonaspflanze**, und *E. quadricostatus*, die **Zwergamazonaspflanze**. Letztere erreicht eine maximale Höhe von 15 cm und kann in kleinen Gruppen im Vordergrund mittlerer bis großer Aquarien angepflanzt werden. Obwohl die meisten Schwertpflanzen aus leicht sauren Gewässern kommen (pH-Wert um 6,5), vertragen sie auch alkalisches Wasser bis etwa 7,5. Die günstigsten Wassertemperaturen liegen zwischen 22 und 28 °C und die Karbonathärte zwischen etwa 5 und 15 °dH. Viele Arten kommen mit relativ wenig Licht aus (40 bis 50 W auf 100 l Wasser), benötigen aber regelmäßige Eisen- und Kohlendioxid-Düngung. Der Boden sollte nicht zu fest sein; eine Mischung aus Sand und Quarzkies in einer Korngröße von 3 bis 4 mm behagt den meisten *Echinodorus*-Arten. Die Vermehrung erfolgt über Jungpflanzen, die sich aus den Quirlen der Blütenstängel entwickeln. Man kann sie abschneiden und

in den Boden setzen, wo sie bei geeigneten Nahrungsbedingungen Wurzeln schlagen und sich dann jedoch eher gemächlich entwickeln.

Auch die Familie der **Aronstabgewächse** (*Araceae*) steuert einige Arten bei, die sich in den meisten Aquarien gut pflegen lassen und sehr dekorative Blätter haben. Zu diesen gehören der **Siamesische Wasserkelch** (*Cryptocoryne siamensis*), der etwa 10 cm hoch und 3 cm breit wird, der **Grasblättrige Wasserkelch** (*C. crispatula*) und ein halbes Dutzend weitere *Cryptocoryne*-Arten, die sowohl bezüglich der Karbonathärten wie der pH-Werte und der Wassertemperaturen keine Ansprüche stellen. Meist genügt es, einige Pflanzen zu setzen und sie anfangs mit Eisendünger zu versehen. Kurze Zeit nach dem Anwachsen beginnen sie sich mittels Ausläufern zu vermehren, und nach wenigen Monaten hat man fast geschlossene Bestände. Wenn man diese auslichtet und in andere Becken umsetzt, sollte man darauf achten, dass die Wurzeln möglichst wenig beschädigt werden. Viele vertragen Temperaturen knapp über 20 °C, wachsen aber bei 24 bis 26 °C weitaus schneller und dichter.

Schließlich sollen auch die **Wasserähren** (*Aponogeton sp.*) kurz genannt werden. Ihr Verbreitungsgebiet reicht von Madagaskar über Sri Lanka und Indien bis nach Australien. Sie werden 20 bis 40 cm hoch und gleichen auf den ersten Blick den südamerikanischen Schwertpflanzen. Sie haben jedoch meist genoppte und gekrauste Blätter. Bei Wassertemperaturen ab 22 °C und pH-Werten zwischen 6,0 und 7,5 wachsen sie schnell und üppig und sind eher für große Aquarien geeignet. Einige Arten haben jedes Jahr eine Ruhezeit, während der sie die Blätter verlieren und sich regenerieren. Das hängt mit der Trockenzeit in ihrer Heimat zusammen, und man muss sich drei, vier und mehr Monate gedulden, bis aus der Wurzelknolle neue Blätter treiben.

# Die Planung

Wer sein erstes Aquarium einrichtet, kauft vernünftigerweise nicht gleich die empfindlichsten und teuersten Pflanzen, die wahrscheinlich nicht lange überleben würden, sondern solche, die Anfängerfehler verzeihen. Sowohl bei den Stängel- wie bei den Rosettenpflanzen gibt es eine Anzahl

robuster und ausdauernder Arten, die schnell anwachsen und sich problemlos vermehren. Nachdem man einige Erfahrungen bezüglich Lichtintensität, Vermehrung der verschiedenen Arten, Düngung usw. gesammelt hat, kann man daran gehen, anspruchsvollere Arten anzusiedeln – immer Schritt für Schritt.

Als Erstes zeichnet man einen einfachen Einrichtungs- und Bepflanzungsplan, in den man einträgt, wo man Wurzeln, Steine, technische Geräte platzieren möchte und wo die verschiedenen Pflanzen. Ersteres ist Geschmackssache bzw. richtet sich nach den Gegebenheiten (Filter, Heizung, Belüftung), letzteres mehr eine Sache der Pflanzenbiologie, oder anders gesagt: Die verschiedenen Pflanzen müssen in ihren Bedürfnissen zusammenpassen. Solche, die saures und weiches Wasser mögen, lassen sich schwer mit anderen, die alkalisches und hartes vorziehen, vergesellschaften. Für kleinere Becken mit einem Inhalt von 60 bis 100 l legt man sich etwa ein halbes Dutzend verschiedene Arten zu.

Beispiel: vier bis fünf *Hygrophila difformis* für eine der beiden hinteren Ecken, gleich viele *Myriophyllum aquaticum* für die andere hintere Ecke. Vorne links pflanzt man einen kräftigen Bund *Vallisneria spiralis*, der sich mit der Zeit so entwickelt, dass er an der Seitenscheibe entlang nach hinten wächst. Als vierte Art pflanzt man im vorderen Drittel des Beckens einige *Sagittaria subulata*, die nur wenige Zentimeter hoch werden und den Schwimmraum der Fische nicht einengen. Sie bilden nach wenigen Wochen einen grünen Rasen, in dem sich Jungfische und kleinere Arten wohl fühlen.

# Der Pflanzenkauf

Viele, vor allem wertvolle Pflanzenarten werden vom Händler in kleinen Plastikkörben oder in Tontöpfen geliefert, in denen sich die Pflanzen entwickelt haben. Erstere müssen entfernt werden – u. U. mit einem scharfen Messer oder einer Schere –, letztere kann man direkt in den Kies stecken und bei Bedarf wieder entfernen, ohne dass die Pflanze ausgegraben werden muss. Nachteilig wirkt sich möglicherweise aus, dass die Töpfe bei gutem Wachstum der Pflanze schnell zu klein werden und nachträglich entfernt werden müssen.

Wasserpflanzen dürfen nicht stundenlang außerhalb ihres Elements aufbewahrt werden, sondern müssen möglichst ganz von Wasser bedeckt sein. Andernfalls

**TIPP**

**Vorsicht Schnecken!**

*Hat der Händler die Pflanzen aus einem dicht bewachsenen, mit Schnecken besetzten Becken geholt, sollte man sie darauf prüfen, ob sich an den Blattunterseiten Schneckenlaich befindet. Wenn man diesen an der Pflanze lässt, entwickelt er sich weiter, und schon bald hat man selbst im Becken eine Schneckenpopulation, die einem möglicherweise wenig Freude bereitet. Der Laich ist meistens so groß wie ein Stecknadelkopf, flach, rund oder oval und von brauner oder braunschwarzer Farbe. Mit etwas Vorsicht lässt er sich vom Blatt abkratzen.*

sterben jene Blätter, die längere Zeit mit Luft in Berührung kommen, unweigerlich ab. Auch sollte man darauf achten, dass die Wassertemperatur nicht unter 20 °C fällt und der Unterschied zwischen dem Wasser im Aquarium und dem im Transportbehälter nicht zu groß wird (+/– 5 °C sind akzeptabel).

# Das Einpflanzen

Damit die Pflanzen Halt und Nahrung finden, benötigt man einen Bodengrund, der ihnen beides bietet. Am weitesten verbreitet sind feinkörniger Sand (Korngröße ca. 2 mm) und

Kies (3 bis 5 mm). Weißer Sand und Kies eignen sich aus optischer Sicht nicht so gut wie brauner, gelber oder grauer Sand. Den Bodengrund füllt man in einer Mindesthöhe von etwa 5 cm ein, wobei er hinten etwas höher sein soll als vorne (Abfälle, Mulm und etwaiger Schlamm sammeln sich dann an der Vorderseite und können leicht abgesaugt werden). Bevor man den Boden zu seiner endgültigen Höhe aufschichtet, kann man einen so genannten Langzeitdünger im Kies verteilen. Er gibt über Monate hinweg Nahrung, vor allem Eisen, an die Pflanzen ab und kann von Zeit zu Zeit erneuert werden.

Anschließend wird das Aquarium zu etwa einem Drittel bis zur Hälfte mit Wasser gefüllt. Die Pflanzen setzen wir erst

**TIPP**

***Darauf müssen Sie achten!***

*Holt man den Boden von einer Sandbank im Fluss, muss er zu Hause erst einmal gründlich gewaschen werden, bis das Wasser vollständig klar ist. Feinerer Sand mit Korngrößen unter 1,5 mm ist ungeeignet, weil er nicht genügend durchlüftet werden kann und zusammenbackt. Auf keinen Fall darf der Bodengrund Kalksteine enthalten; sie würden durch ständiges Freisetzen von Kalk das Wasser hart machen – und mit Ausnahme der Afrika-Buntbarsche lieben die meisten Fische kein hartes Wasser.*

ein, wenn das Wasser eine Mindesttemperatur von 20 °C aufweist. Man kauft sie beim Händler, der meist 40 bis 60 verschiedene Arten vorrätig hat. Zu Hause werden die Pflanzen einzeln geprüft und so hergerichtet, dass man sie setzen kann.

Man kontrolliert, ob sie faule Blätter oder geknickte Stängel aufweisen. Erstere entfernt man, letztere schneidet man an der Knickstelle durch und setzt beide Teile ein.

Viele Rosettenpflanzen haben Zwiebeln und Knollen, die nicht beschädigt werden dürfen. Man schneidet die daraus wachsenden Wurzeln bis auf Fingerbreite zurück, bohrt mit dem Finger ein Loch und steckt die Pflanze so hinein, dass sich die Wurzeln möglichst wenig umbiegen.

# Füllen und Warten

Hat man alle Pflanzen an ihren vorgesehenen Platz gebracht, im Boden verankert, den Grund eingeebnet und sich noch einmal davon überzeugt, dass die Steine gut stehen und die Wurzeln sich so mit Wasser vollgesogen haben, dass sie auf dem Boden bleiben, kann man das Becken vorsichtig mit temperiertem Wasser füllen. Bei kleineren Becken kann man das Wasser einige Tage vorher aus der Leitung fließen lassen und in Plastikeimern mit einem Aufbereitungsmittel für das Aquarium vorbereiten. Bei großen Becken, ab 150 l, geht das nicht, denn kaum ein Aquarianer kann 10 oder 15 große Plastikkübel voll Wasser im Badezimmer unterbringen. In diesem Fall wird das Wasser direkt ins Becken eingefüllt – jedoch nicht kälter als 20 °C – und dann mit dem Wasseraufbereitungs-Präparat versetzt.

Auch wenn es schwer fällt: Das neu eingerichtete und gestaltete, mit Wasserpflanzen bestückte Aquarium muss nun mindestens eine Woche, besser zwei Wochen lang Ruhe haben! Heizung, Filter, Belüftung und Beleuchtung sind am Werk und schaffen mit der Zeit Verhältnisse, die sowohl den Pflanzen als auch den bald einziehenden Fischen zusagen. Mit wenig Aufwand kann man die Wasserwerte, die Gesamt- und die Karbonathärte, die pH-Werte sowie den $CO^2$-Gehalt von einem erfahrenen Aquarianer prüfen lassen. Das beruhigt ungemein und gibt einem die Gewissheit, den zukünftigen Bewohnern ein artgerechtes Biotop bieten zu können. Wenn nämlich die Wasserwerte stimmen, die Pflanzen Wurzeln geschlagen haben und vielleicht schon ein Stück gewachsen sind, das Wasser klar und geruchlos ist, Heizung und Pumpe(n) einwandfrei arbeiten, dann steht der große Augenblick unmittelbar bevor: das Einsetzen der Fische.

# Das Algenproblem

Die Szenerie ist wohlbekannt: Da hat man mit großem Aufwand ein Becken eingerichtet, Filter und Luftpumpen, Heizungen und Beleuchtung installiert und teure Pflanzen und Fische gekauft, das Wasser ist kristallklar, die Pflanzen sind gesund und die Fische munter. Aber schon nach kurzer Zeit bemerkt man einen ganz feinen, dünnen Belag auf den Scheiben und den Pflanzen: Es sind Algen, die den optischen Genuss trüben und dort, wo sie überhand nehmen, die Wasserpflanzen schädigen und die Wasserqualität beeinträchtigen.

Gegen das natürliche Algenwachstum kann und muss man nichts unternehmen. Wo ein Becken im Gleichgewicht ist, wird keine der vielen Algenarten sich so vermehren, dass sie zum Problem wird. **Grünalgen** (*Chlorophyceae*) zeigen sogar an, dass die Wasserzusammensetzung im Aquarium stimmt. Wenn Algen aber so sehr wachsen, dass sie stören, müssen sie bekämpft werden. Zum einen mit mechanischen Mitteln, d. h. durch Abkratzen und Absaugen von den Scheiben, zum anderen, indem man algenfressende Fische einsetzt und zum dritten, aber nur im Notfall, durch den Einsatz spezieller Algenmittel, die ins Wasser gegeben werden. Hilfreich sind auch das Filtrieren der im Wasser schwebenden Mittel (Filterpatrone oft auswaschen) und regelmäßiger Wasserwechsel sowie eine gute $CO^2$-Sättigung des Wassers. Lassen sich die Algen durch die genannten

Mittel nicht entfernen und überwuchern sie das ganze Becken, bleibt kaum etwas anderes übrig, als das Aquarium neu einzurichten, die alten Pflanzen wegzuwerfen und Dekorationsmaterial wie Wurzeln, Steine, Schneckenhäuser und dergleichen zu ersetzen oder aber auszukochen. Die Filterpatrone muss erneuert, der Heizstab und alle anderen technischen Apparaturen, die mit dem Aquarienwasser in Berührung kommen, müssen gründlich gereinigt werden. Und nicht zuletzt sollte man sich Gedanken über die Ursachen des starken Algenbefalls machen, denn dieser zeigt grundsätzlich ein Ungleichgewicht im Aquarium an.

# Fische kaufen und einsetzen

Hat man das Aquarium eingerichtet, bepflanzt und ein bis zwei Wochen sich selbst überlassen, ohne dass irgendwelche Störungen oder Probleme aufgetreten sind, kann man damit beginnen, Fische einzusetzen. Sicher hat man sich längst darüber Gedanken gemacht, welche Zierfische einem besonders gut gefallen, aber auch, wie viele von ihnen im neuen Becken Platz haben.

Für Letzteres gibt es eine einfache Faustregel: Pro Liter Beckeninhalt kann man 1 cm Fisch einbringen – sofern das Aquarium gut bepflanzt ist, gefiltert und mit Sauerstoff angereichert wird. Das ergibt für ein 100-l-Becken etwa 25 Fische mit einer Körperlänge von 4 cm, wie sie z. B. der beliebte **Neonsalmler** (*Paracheirodon innesi*) oder der ebenfalls weitverbreitete Anfängerfisch **Roter von Rio** (*Hyphessobrycon flammeus*) aufweisen. Andere leicht zu pflegende Arten werden etwas größer: Die wunderschöne **Prachtbarbe** (*Barbus conchonius*) erreicht in ihrer Heimat, dem nördlichen Indien,

***TIPP***

*Nicht alle Fischarten leben in den gleichen Beckenregionen. Es gibt solche, die sich fast ausschließlich oder ganz am Boden aufhalten, und andere, die man aufgrund ihrer Lebensweise Oberflächenfische nennt; sie bewegen sich überwiegend im obersten Drittel oder Viertel des Beckens. Die größte Anzahl jedoch nimmt den mittleren Aquarienbereich in Anspruch. Achten Sie darauf, dass Sie sich Ihre „Fisch-Einkaufsliste“ so zusammenstellen, dass in allen drei genannten Regionen Fische vertreten sind.*

eine Körperlänge von 12 bis 14 cm, bleibt im Aquarium jedoch meist unter 10 cm. Etwa zehn bis zwölf von ihnen „füllen" das oben erwähnte 100-l-Becken bereits aus!

Um einiges kleiner sind die meisten der leicht zu pflegenden Lebendgebärenden Zahnkarpfen wie **Schwertträger** (*Xiphophorus helleri*), **Platy** (*X. maculatus*) und **Molly** (*Poecilia sphenops*). Bei ihnen werden die Weibchen etwa 6 cm lang, die Männchen um die 4 cm. Man kann ungefähr davon ausgehen, dass in ein 100-l-Becken zwischen 20 und 30 Fische eingesetzt werden können.

# Schnell nach Hause

Es ist empfehlenswert, nicht gleich beim ersten Besuch des Geschäftes alle Fische einzukaufen, die im Becken Platz haben, sondern die Kapazität des Aquariums erst nach und nach auszunutzen.

Hat man sich für eine oder zwei Arten entschieden, sucht man sich die einzelnen Tiere im Verkaufsbecken des Händlers selbst aus – sofern das bei der oft gezeigten Masse der Tiere überhaupt möglich ist. Man wählt möglichst große Fische, die lebhaft sind, satte Farben zeigen und keine eingefallenen „Hungerbäuche" aufweisen. Der Händler fängt die Fische mit einem Kescher und gibt sie in zur Hälfte mit Wasser gefüllten Plastikbeutel, der nach dem Kauf verknotet oder zugeschnürt wird. Der im oberen Teil des Beutels enthaltene Sauerstoff reicht den Fischen für mehrere Stunden, und sie ersticken nicht, wie manche Anfänger befürchten.

Ob Sommer oder Winter: Mit den Fischen geht man auf dem schnellsten Weg nach Hause und vermeidet Umwege. Im Sommer achtet man darauf, dass der Plastikbeutel nicht hinter der Autoscheibe in der Sonne steht, und im Winter, dass das Wasser nicht auskühlt. Beides erreicht man, indem man den Wasser-Fisch-Beutel in Zeitungspapier oder in ein schützendes Handtuch wickelt. Bei tiefen Temperaturen wird die Tüte am besten in einen kleinen, gut isolierenden Behälter aus Styropor gelegt. Darin hält sich die Wassertemperatur längere Zeit auf hohem Niveau.

# Vorsichtig eingewöhnen

Zu Hause angekommen, werden die Fische umgehend ins vorbereitete Becken gebracht, und zwar mitsamt dem Plastikbeutel. Ist der Temperaturunterschied zwischen Aquarienwasser und demjenigen des „Fisch-Beutels" beträchtlich, wird der Beutel mitsamt den Fischen ins Aquarium gelegt und nimmt bald dessen Temperatur an. Ist der Unterschied gering, kann man die beiden Wasser miteinander mischen, d. h. man gießt eine oder zwei Tassen des Aquarienwassers in den Transport-beutel und wiederholt diese Prozedur im Zwei-Minuten-Abstand mehrmals.

Zeigen die Fische keine abnormen Reaktionen, indem sie z. B. hin- und herschießen, nach Luft schnappen oder gar mit dem Bauch nach oben treiben, kann man den nun wassergefüllten Beutel vorsichtig ins Aquarium gießen und die Neuerwerbungen in ihren neuen Lebensraum entlassen. Einen oder zwei Tage lang lässt man sie völlig in Ruhe, gibt ihnen kein Futter und klopft vor allem nicht an die Scheiben oder greift gar ins Wasser. Die Fische müssen sich an ihre neue Umgebung gewöhnen und verstecken sich oft in der ersten Zeit im Pflanzengewirr oder hinter Wurzeln und Steinen.

Bringt man zu einem späteren Zeitpunkt neue Fische hinzu, auch dieselben Arten, die bereits im Becken siedeln, muss man genau beobachten, ob die Alteingesessenen die Neuzugänge nicht jagen und verletzen; manche Arten zeigen ein ausgeprägtes Revierverhalten, besonders in der Brutzeit, und dulden keine Geschlechtsgenossen in ihrer Nähe. Die meisten Anfänger besitzen nur ein Aquarium und müssen deshalb neu gekaufte Fische zu jenen einbringen, die bereits seit kürzerem oder längerem im Becken leben. Damit ist immer ein gewisses Risiko verbunden: Die Alten oder die Neuen können krank sein und die jeweils gesunden anstecken. Erfahrene Fischhalter, die in ihren Beständen seltene und teure Spezies haben, bringen deshalb fremde Fische für zwei bis drei Wochen in ein Quarantänebecken.

# Nachwuchs im Becken

Robuste und leicht zu haltende Fischarten, besonders einige Vertreter der Zahnkarpfen, lassen sich außerordentlich einfach züchten – man denke nur an den **Millionenfisch** oder **Guppy** (*Poecilia reticulata*). Das Weibchen kann im Abstand von vier bis sechs Wochen bis zu 150 Junge gebären. Geschieht das im Gesellschaftsbecken, dient die Brut im Normalfall den erwachsenen Fischen als Lebendfutter und kommt selten über das Jugendalter hinaus! Andere Zahnkarpfen, die Eierlegenden, laichen ab und kümmern sich nicht um die Eier; diese können in ein Zuchtbecken gebracht und dort sich selbst überlassen werden.

Der Anfänger, der seine 20 Fische ohne Zuchtambitionen hält, freut sich ganz besonders, wenn er am Morgen beim ersten Blick in das Aquarium eine Schar frisch geborener Guppys oder Schwertträger entdeckt.

***TIPP***

## Nicht zu viel auf einmal

*Machen Sie sich zunächst mit der Zucht einiger pflegeleichter Arten vertraut, die ohne aufwändige Vorbereitungen, Erhöhung der Wassertemperatur, Veränderung der Wasserchemie und spezieller Fütterung auch dem Anfänger gelingt. Wer mit ihnen Erfahrungen gesammelt hat, kann sich zu einem späteren Zeitpunkt auch an die Zucht der empfindlicheren, anspruchsvolleren Arten wagen.*

# Die Fütterung

Zusammen mit der geeigneten, artgerechten Unterbringung unserer Zierfische ist die Ernährung der wichtigste Faktor für ihr Wohlbefinden und ihre Gesundheit. Die Futtermittelwissenschaft hat sich im Verlauf von drei Jahrzehnten ungeahnt entwickelt und ist heute in der Lage, für nahezu jede nach Europa kommende Fischart ein geeignetes, vollwertiges Futter herzustellen. Noch vor wenigen Jahrzehnten ließen sich viele Buntbarscharten nur schwer halten, weil man ihnen kein artgerechtes Futter bieten konnte. Inzwischen sind verschiedene Hauptfutter im Handel, die alle benötigten Bestandteile wie Kohlenhydrate, Eiweiße, Fette, Ballaststoffe, Mineralien und Vitamine enthalten, und die meisten Buntbarsche halten sich lange und pflanzen sich fort.

Maschinell und industriell hergestelltes Futter mag zwar fast alle Bedürfnisse unserer Zierfische abdecken – aber halt nur fast. Von höher entwickelten Wirbeltieren, Säugern und Vögeln weiß man, dass die Futtersuche und -aufnahme nicht nur Ernährung ist, sondern den Tieren auch Lustgewinn und Beschäftigung bringt. Bei den Fischen dürfte es sich ähnlich verhalten. Unsere Aquarienbewohner leben in einer Art Schlaraffenland: Sie haben keine Feinde und müssen kaum Revierkämpfe mit Artgenossen austragen, finden in den Becken ideale Wasserverhältnisse vor und bekommen regelmäßig ihr Futter. Mit der entsprechenden Fütterung können wir den Fischen alle wichtigen Stoffe zuführen und sie dabei ein Stück weit gezielt beschäftigen.

# Das Futterangebot

Ein altes Sprichwort sagt: Der Herrgott hat verschiedene Kostgänger. Das trifft auch für die Zierfische zu. Manche ernähren sich ausschließlich von pflanzlichen Stoffen, andere benötigen animalische Kost, und dritte wiederum zeigen Vorlieben für beide Futterarten. Die pflanzlichen Stoffe werden fast ausschließlich in Form von Trockenfutter gereicht, Futter also, das gemäß Lebensmittelrecht weniger als 14 % Wasser enthält. Damit bietet es Pilzen und Bakterien keine Lebensgrundlage mehr und ist weitaus länger haltbar als Frischfutter. Ein Nachteil des Trockenfutters besteht darin, dass die beigefügten Vitamine auf die Dauer ihre Wirksamkeit verlieren können. Man achte deshalb beim Kauf darauf, ein Trockenfutter mit einem möglichst langen Verfallsdatum zu finden.

Trockenfutter bekommt man aber auch in Form von Pellets (gepresstem, zu Würfeln oder Würstchen geformtem Futter), Granulaten und Sticks (Stäbchen) sowie von Tabletten.

Alle diese Darreichungsformen enthalten pflanzliche Stoffe wie Soja- und Getreidemehl, Gemüse und Salate, für Allesfresser aber auch tierische Stoffe wie Ei- und Milchpulver, Fischmehl, gemahlene Kleinstkrebse und Garnelenschrot. Trockenfutter wird ins Wasser gestreut oder gelegt und kann z. T. auch als Tablette an die Aquarienscheibe geheftet werden. Die Fische picken und kneifen dann kleine Stücke los, bis der Futterbrocken aufgefressen ist oder zu Boden sinkt.

Einige Fischarten ernähren sich überwiegend oder ausschließlich von pflanzlicher Nahrung und nehmen im Aquarium gern Grünfutter zu sich. Zu diesen Spezies gehören u. a. der **Algenfresser** (*Crossocheilus siamensis*), der **Punktierte Harnischwels** (*Hypostomus punctatus*), der **Segelkärpfling** (*Poecilia velifera*) und die **Saugschmerle** (*Gyrinocheilus aymonieri*). Man kann ihnen gut gewaschenen und kurz überbrühton Salat und Spinat reichen, Löwenzahnblätter und sogar ganz frisches Buchenlaub. Für die am Boden lebenden Arten gibt man das Grünfutter auf den Grund und beschwert es mit einem Stein. Spätestens nach fünf bis sechs Stunden werden die Reste aus dem Aquarium entfernt. Spezielle Pflanzenflocken können anstelle von Grünzeug gereicht werden.

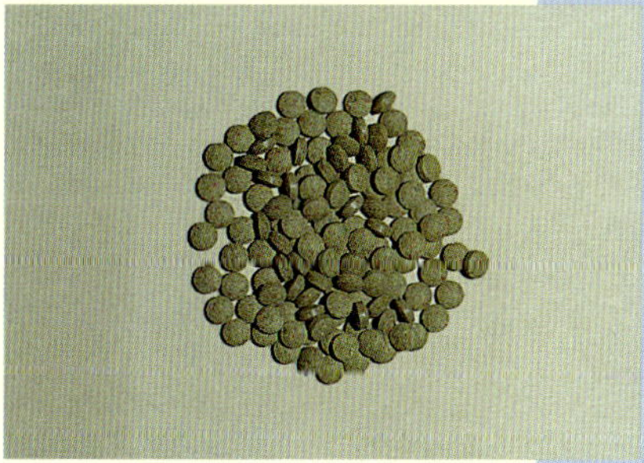

# Wenn das Futter verdirbt

Das Zu-Boden-Sinken des Futters ist eines der großen Probleme bei der Zierfischhaltung. Mit Ausnahme der bodenbewohnenden Arten, z. B. Welse und Schmerlen, nehmen die Fische kein Futter vom Grund auf, was zur Folge hat, dass die nicht verzehrten Reste schnell verderben und das Wasser belasten. Es ist daher sehr wichtig, dass nicht zu viel Futter auf einmal gereicht wird, sondern über den Tag verteilt drei, vier kleinere Portionen; außerdem sollte man einige Fische im Becken haben, die auf dem Grund leben und Futterreste zusammensuchen.

Für jene Fische, die sowohl pflanzliche als auch tierische Nahrung benötigen, gibt es ebenfalls Trockenfutter, das beide Bestandteile enthält. Es wird von den omnivoren (allesfressenden) Arten im Allgemeinen problemlos angenommen – umso mehr, als ein Großteil der Zierfische aus generationenlangen Zuchten stammt. Wildfänge lehnen manchmal Flocken und Tabletten ab und müssen mit Lebendfutter ernährt werden; mit Geduld kann man sie oft im Laufe von Wochen und Monaten an Flocken gewöhnen.

# Lebendfutter

Eine größere Anzahl von Arten kann als Raubfische bezeichnet werden, denn sie ernähren sich ausschließlich von animalischem Futter. In Freiheit ist dieses fast immer Lebendnahrung und besteht aus Wasser- und Luftinsekten und deren

Larven (die sich oft im Wasser entwickeln, wie jene zahlreicher Moskitoarten) sowie aus Würmern, Kleinkrebsen, Rädertierchen und anderen Kleinstlebewesen, die oft nur 0,15 bis 0,3 mm lang werden!

Früher hat man im Handel lediglich Tubifex und Enchyträen – beides kleine Würmer – erhalten. Heute ist das Angebot um vieles größer: Es gibt Flohkrebse und Wasserflöhe sowie eine ganze Reihe von winzigen Krebstieren wie *Daphnia*, *Bosmina*

**TIPP**

### Umgewöhnung für den Winter

*Leider gibt es nicht das ganze Jahr über ein ausreichendes Angebot an Lebendfutter, sodass man auf gefriergetrocknetes oder tiefgefrorenes Futter zurückgreifen muss, das jedoch längst nicht alle Fische akzeptieren. Es ist deshalb ratsam, diese Arten bereits im Sommer an gefriergetrocknete und tiefgefrorene Nahrung (die natürlich vor dem Verfüttern aufgetaut werden muss!) zu gewöhnen. Das geschieht, indem man dem Lebendfutter etwas gefrier- oder tiefgefrorene Nahrung beimischt und deren Anteil mit der Zeit erhöht.*

und *Cyclops*, die man in den Sommermonaten mit feinstmaschigen Keschern aus stehenden Tümpeln und Teichen fischen kann. Weiteres Lebendfutter sind Schwarze, Weiße und Rote Mückenlarven sowie Infusorien, so genannte Aufgusstierchen, winzige Ein- und Mehrzeller, die sich vor allem bei der Aufzucht von Jungfischen bewähren.

# Das Einfrieren

Selbstverständlich kann man im Sommer, wenn das Angebot an Lebendfutter groß und damit günstiger als im Winter ist, dieses selbst einfrieren. Je nach Bedarf friert man Mükkenlarven, *Artemia* (Kleinkrebse) und Wasserflöhe – aber keine

Tubifex oder Enchyträen – in größeren oder kleineren Portionen ein. Jene Plastiktüten, in denen sich Wasser zu runden Eiswürfeln tiefgefrieren lässt, eignen sich gut für mittelgroße Portionen, die, einmal aufgetaut, in ein bis zwei Tagen verfüttert werden. Eine andere Möglichkeit ist, die Futtertiere in dünne Tiefkühlbeutel zu verpacken, die Luft aus diesen zu pressen und eine Platte von 2 bis 3 mm Dicke zu formen. Ist sie tiefgefroren, kann man Stücke davon abbrechen oder -hacken und den Rest wieder in die Tiefkühltruhe legen. Es soll allerdings Nicht-Aquarianer geben, denen die Vorstellung, dass tiefgefrorene Mückenlarven und Kleinkrebse neben Filets und Fischstäbchen liegen, nicht behagt.

Einmal aufgetautes Futter sollte man auf keinen Fall wieder einfrieren, aber auch nicht länger als etwa 36 Stunden im Kühlschrank aufheben. Nach kurzer Zeit weiß man, wie viel von der tiefgefrorenen Fischnahrung man benötigt, um die Aquarienbewohner weder zu unter- noch zu überfüttern.

# Wann wird gefüttert?

In der freien Natur sind die Fische oft den größeren Teil des Tages damit beschäftigt, Nahrung zu suchen und zu fressen. Im Aquarium erhalten sie jedoch jedes Mal so große Mengen, dass eine, maximal zwei Fütterungen pro Tag reichen. Füttert man einmal, dann gibt man das Trocken- oder Lebendfutter am Morgen ins Becken; die Fische haben dann Zeit genug, Futter aufzunehmen. Füttert man zweimal, dann muss die Abendfütterung mindestens eine Stunde vor dem Lichtlöschen stattfinden, weil die meisten Fische bei Dunkelheit keine Nahrung mehr zu sich nehmen; diese sinkt stattdessen zu Boden und verdirbt. Jungfische benötigen vier bis acht Fütterungen pro Tag – und das lässt sich nur bewerkstelligen, wenn jemand mehr oder weniger den ganzen Tag zu Hause ist und nach dem Rechten schaut. Sofern man keine Lebendnahrung reicht, kann man einen elektrisch betriebenen Futterautomaten kaufen und diesen so programmieren, dass er mehrmals pro Tag eine gewisse Menge Flocken oder Tabletten bzw. gefriergetrocknetes Futter ins Wasser schüttet. Manche Modelle können für 14 bis 28 Tage eingestellt werden.

***TIPP***

**Für die Feinschmecker**

*Auch wer seinen Fischen ein Haupt- oder Grundfutter reicht, sollte sie zusätzlich mit Spezialitäten verwöhnen. Das können getrocknete Insekten oder Krebse sein, Mückenlarven, so genanntes Artenfutter (das es z. B. für Buntbarsche, Fleisch fressende Arten und Zahnkarpfen gibt), Futter für farbintensive Fische und solches für heranwachsende, für Pflanzen fressende und für Arten mit erhöhtem Nährstoffbedarf (etwa Zuchtpaare).*

# Wie viel wird gefüttert?

Bezüglich der Futtermenge wurde mehrfach darauf hingewiesen, dass man seine Aquarienbewohner besser etwas knapper als zu reichlich füttern sollte. Was aber ist knapp und was reichlich? Machen Sie folgenden Versuch: Geben Sie eine Fingerspitze voll Flocken ins Becken und kontrollieren Sie, wie lange die Fische benötigen, um diese vollständig zu verzehren. Geschieht das innerhalb weniger Minuten und suchen die Tiere dann noch weiteres Futter, war die Menge knapp oder zu knapp. Also gibt man noch einmal eine Fingerspitze voll Futter ins Wasser. Sinkt jedoch ein Teil zu Boden, war sie zu reichlich, und man reduziert die Menge entsprechend.

Schon nach wenigen Tagen hat man im Gefühl, was zu wenig und was zu viel ist. Ändert sich die Besatzdichte des Beckens, muss das natürlich berücksichtigt werden. Wer übers Wochenende verreist, muss deswegen nicht gleich den Nachbarn fragen, ob er seine Fische füttert. Zwei bis drei Tage halten sie es gut ohne Futter aus. Pflegen Sie allerdings Jungtiere, dann ist es von vornherein besser, zu Hause zu bleiben und die Brut selbst zu beaufsichtigen.

# Das Gesellschaftsaquarium

Während die Pflege der im Handel erhältlichen Aquarienfische bei Beachtung nur weniger wichtiger Grundsätze kaum Probleme mit sich bringt, gilt die Zucht dieser Exoten landläufig noch immer als kompliziert. Viele Leute glauben, nur mit aufwändigen Wassermischungen, sorgfältig gereinigten Zuchtaquarien und ausgeklügelten Methoden Jungfische züchten zu können. Aber auch die heute erfolgreichen Spezialisten haben einmal mit Arten begonnen, deren Zucht leicht gelingt, deren Vermehrung spontan geschah. Nach einer Anzahl solcher Erfolgserlebnisse entstand erst der Wunsch, auch als schwierig geltende Arten zu vermehren und sich dazu bestimmter Methoden zu bedienen.

Vor allem ist wichtig, die Fische zu beobachten. Dabei muss man sich an bestimmte Merkmale halten, die verraten, ob man überhaupt Paare, d. h. Männchen und Weibchen unter seinen Fischen besitzt. Der Erstbesatz eines Aquariums erfolgt nämlich durchweg mit Jungfischen, die nicht unbedingt gleich erkennen lassen, ob sie sich zu Männchen entwickeln werden oder die für Jungtiere typische Weibchenfärbung beibehalten.

**INFO**

### Männchen und Weibchen

*Gewöhnlich sind nur die Männchen farbenprächtig, auf alle Fälle aber bunter als die Weibchen. Auch die Flossenentwicklung der männlichen Tiere kann die der Weibchen bedeutend übertreffen. Es wäre aber falsch, ausschließlich Männchen zu halten, weil dann Kämpfe einsetzen, die mit Verletzungen oder sogar mit dem Tod des Unterlegenen enden können.*

# Harmonie in Gefahr

Neben der Körper- und Flossenentwicklung sind allen Fischen aber auch besondere Verhaltensweisen eigen, und dadurch können auf dem engen Raum des Aquariums Konflikte entstehen. Zwar können auch Jungfische miteinander gleichsam spielerisch kämpfen – erst mit der zunehmenden Geschlechtsreife wird Ernst daraus. Unter natürlichen Bedingungen müssen Männchen wenigstens für die Zeit der Eiablage ein Revier behaupten können, und erst ein sicher beherrschtes Territorium ist Voraussetzung für eine erfolgreiche Vermehrung. Daran hat man bei der Einrichtung des Aquariums und beim Kauf der ersten Jungfische nicht immer gleich gedacht. Es dauert auch gewöhnlich etwa ein Vierteljahr, bis die ersten Rangeleien ernsterer Art auftreten können.

Die bis dahin herrschende Harmonie kann verloren gehen, wenn ein Fisch bemüht ist, einen Teil des Aquariums, oft sogar den gesamten Raum, zu kontrollieren und alle anderen Fische herumzujagen. Sie können nicht ausweichen, werden gebissen und verletzt, und schließlich wird der „Unruhestifter" entfernt, damit wieder Ruhe eintreten kann. Vielleicht ist das daraufhin für ein paar Tage wirklich der Fall, dann aber entwikkelt sich der nächste Fisch zum „Stänkerer", weil er nun keinen Gegner mehr hat und seinerseits ein Revier für Fortpflanzungsvorbereitungen braucht.

Das ist ein ganz normaler Vorgang und gehört zum biologischen Entwicklungsprozess fast aller Fischarten.

# Die ideale Mischung

Gerade im Gesellschaftsaquarium, wo oft mehrere Arten gepflegt werden, die sich in der Natur nicht begegnen würden, kann das Ausleben der biologisch programmierten

Entwicklungsabläufe zu Konflikten unter den Arten führen. Bei Anwesenheit mehrerer Männchen der gleichen Art führt erst diese Auseinandersetzung zum Anlegen der Prachtfärbung, die doch eigentlich der Anlass war, sich ein Aquarium mit „herrlich bunten Tropenfischen" zuzulegen.

Das muss man wissen, wenn man die Jungfische kauft. Man muss auch wissen, wie etwa die Raumanforderungen sein werden, wenn die Fische heranwachsen und geschlechtsreif sind. Ebenso ist es wichtig, sich vorher zu informieren, wo im Aquarium der Vorzugsschwimmraum der Wunschfische sein wird.

Oberflächenfische und am Boden lebende Arten sind stets ganz besonders auf die Verteidigung eines Reviers programmiert. Im Mittelwasser schwimmende Arten können bedenkenloser vergesellschaftet werden.

Je nach Größe eines Gesellschaftsaquariums ist man also gut beraten, im Oberflächenbereich und in der Bodenzone nur eine Art in mehreren Exemplaren zu pflegen, während im Mittelwasser durchaus einige Salmler- oder Barbenarten miteinander schwimmen können.

Wichtig ist vor allem, dass dieses Aquarium nicht überbesetzt wird. Drei oder vier Arten zu jeweils sechs Exemplaren genügen völlig für ein Aquarium von etwa 80 l Inhalt. Ist das Becken kleiner, sollte man sich in der Artenzahl noch mehr beschränken und von jeder Art lieber mehrere Fische halten.

# Junge ohne Zucht

In einem Gesellschaftsaquarium sollte der Anfänger zunächst einmal das Zusammenspiel beobachten, erste Ansätze von Balz und Paarung verfolgen und vielleicht sogar das Ablaichen erleben, ehe er sich echten Zuchtversuchen zuwendet.

Dazu braucht man keine Fische herauszufangen und in einem gesonderten Aquarium zu halten. Bei geschickter Bepflanzung kommen nämlich selbst in einem Gesellschaftsaquarium einige Jungfische durch, und oft hat man gerade an diesen Tieren besondere Freude. Sie beweisen schließlich, dass man in Bepflanzung und Besatz richtig vorgegangen ist.

Für die Bepflanzung muss die Regel gelten, dass besonders in den Ecken bis oben hin relativ dicht wachsende Pflanzen vorhanden sein müssen. Dort laichen die Fische bevorzugt ab, dort sind die Eier und auch die Jungfische am besten geschützt. Gut geeignet ist das **Javamoos** (*Vesicularia dubyana*), denn diese Pflanze kommt mit wenig Licht aus und gedeiht auch in den hinteren Ecken im Schatten anderer Pflanzen.

Bei solchen überraschend entdeckten Jungfischen wundert man sich immer wieder, wovon sie wohl gelebt haben, bis man sie erstmalig sah. In der Tat finden Jungfische in der Mikrowelt eines intakten Aquariums eine Menge verwertbarer Nahrung. Das können Algen, Mikroorganismen oder Mulmbestandteile sein – schließlich ist es in der Natur nicht anders.

# Die Lebendgebärenden

Nicht grundlos nennt man die „Lebendgebärenden“ ideale Anfängerfische. Sie benötigen keine gesonderten Reviere, schwimmen durch alle Bereiche des Aquariums und gelten deshalb als „Friedfische“. Das ist ein relativer Begriff, denn die Männchen dieser Arten kämpfen selbstverständlich auch um eine Rangordnung, töten aber den Unterlegenen nicht. Ihre Fortpflanzung ist das Ergebnis einer harten Auslese in ihren natürlichen Heimatgebieten: Wechsel zwischen Regen- und Trockenzeit führen zu stark schwankenden Lebensräumen in den Gewässern. Oft überleben nur wenige Fische in Resttümpeln. Wenige Weibchen genügen dann, um unter den besseren Lebensbedingungen der Regenzeit wieder für Nachkommenschaft zu sorgen.

Dazu ist es von Vorteil, dass die Eier im Körper der Weibchen verbleiben, bis die Jungfische eine gewisse Größe erreicht haben. Ein weiterer Vorteil ist, dass eine einmalige Paarung für die Befruchtung mehrerer Eischübe ausreicht. Das heißt auch unter Aquarienbedingungen, dass ein einmal verpaartes Weibchen ohne die weitere Anwesenheit eines Männchens mehrere Würfe von Jungfischen hervorbringen kann.

# Ideale „Anfängerfische"

Bei den bekannten **Guppys** (*Poecilia reticulata*), **Platys** (*Xiphophorus maculatus*), **Schwertträgern** (*Xiphophorus helleri*) und **Mollys** (*Poecilia sphenops, latipinna*) und ihren Zuchtformen werden ziemlich regelmäßig einmal im Monat Jungfische geboren. Sie sind gleich mindestens 5 mm lang.

Das mag noch immer sehr klein erscheinen. Jedoch sind die Jungfische eierlegender Arten, von Barben oder Salmlern etwa, beim Schlüpfen nur knapp 2 mm lang und erst nach drei bis vier Wochen so groß wie die der Lebendgebärenden, wenn sie zur Welt kommen. Unter natürlichen Bedingungen, wo viele Jungfische von anderen Fischen gefressen werden, ist es schon ein Vorteil, den Kampf ums Dasein möglichst groß zu beginnen.

Das Gleiche trifft für die bereits genannten und im Handel in Gestalt vieler Zuchtformen vorhandenen Platys, Schwertträger und Mollys zu. Wer solche Fische allerdings gezielt vermehren will, muss in der Woche vor dem errechneten Geburtstermin (im Mittel alle 28 Tage) das betreffende Weibchen herausfangen und in ein gesondertes Aquarium setzen. Das macht im Sommer keine Schwierigkeiten, weil das Zuchtaquarium nicht extra beheizt werden muss. Während der kühlen Jahreszeiten aber erfordert dieses Absatzaquarium die gleichen technischen Voraussetzungen wie das „Hauptaquarium". Das wird oft vernachlässigt!

Die vor der Geburt stehenden Weibchen brauchen eine Wärme von etwa 25 °C, gute Durchlüftung, und man muss ihnen auch reichlich Pflanzen beigeben, in die die Jung-

fische unmittelbar nach der Geburt flüchten können. Sie sind nämlich noch nicht imstande zu schwimmen, nachdem sie den Körper der Mutter verlassen haben. Ihre Schwimmblase entfaltet sich erst in den nächsten zwei Stunden, die sie ruhig auf einem Blatt liegend verbringen. Werden sie beunruhigt, so „hopsen" sie in kurzen Sätzen durch das Wasser.

Diese auffälligen Fluchtbewegungen veranlassen mitunter das Weibchen, solche Jungfische zu verfolgen und sogar zu verzehren. Dagegen hilft nur ein dichtes Pflanzengewirr, in dem die Jungen verschwinden, oder bei „Profi"-Züchtern ein Käfig, aus dem die Jungfische entweichen können, ohne dass die Mutter folgen kann. Nur mit Hilfe solcher Einrichtungen war es möglich, die wahren Wurfzahlen zu ermitteln.

INFO

### Fruchtbare Fische

*Gerade die lebendgebärenden Arten produzieren leicht Nachwuchs im Gesellschaftsbecken. Guppys sind für ihre Fruchtbarkeit bekannt, denn ausgewachsene Weibchen können bis zu 100 Jungfische pro Monat werfen. Diese werden gewiss nicht alle im Gesellschaftsbecken überleben, doch an einigen Nachwuchsfischen kann man sich mit Sicherheit erfreuen, wenn nicht gerade räuberische Beifische sie verzehren.*

# Zucht und Aufzucht

Während die bloße Vermehrung recht einfach ist, stellen die Zuchtformen höhere Anforderungen. Es sind Abkömmlinge der wild lebenden Arten, die sich durch bestimmte Färbungen und Zeichnungsmuster hervorheben. Diese aber folgen Erbregeln, mit denen man sich befassen muss, um jene Eigenschaften erhalten oder verbessern zu können, und sind daher Spezialisten vorbehalten. Wenn auch zum Werfen der Weibchen ein relativ kleines Aquarium genügt – um die Jungfische gut aufziehen zu können, benötigen sie Platz, kleines Futter und regelmäßigen Wasserwechsel. Wer also Fische züchten möchte, braucht neben dem Gesellschaftsaquarium für die Zuchtfische kleine Absatzaquarien für die Weibchen und große Aufzuchtbecken für die Jungen. Das wird oft nicht bedacht. Bleiben die Jungen zu lange in dem kleinen Absatzbehälter, so verschlechtert sich dort das Wasser, und die heranwachsende Nachzucht wird minderwertig.

**INFO**

**Minimale Platzanforderungen**

*Unter den Lebendgebärenden Zahnkarpfen gibt es einige besonders kleine Arten, die man in Aquarien mit nur wenigen Litern Inhalt für sich allein pflegen kann. Dazu gehört der Nordamerikanische Zwergkärpfling. Die Männchen werden höchstens 2 cm lang, die Weibchen etwa doppelt so groß. Diese Fische bringen nicht mit einem Wurf eine größere Anzahl von Jungfischen hervor, sondern pro Tag nur ein bis zwei Junge. Nach etwa drei Wochen tritt eine Pause ein, ehe wieder einzelne Jungfische geworfen werden. Wer also wenig Platz hat und dennoch Freude an kleinen Fischen haben will, kann sich mit einem Aquarium von etwa 5 l Inhalt ein solches Erlebnis bescheren.*

# Ein Rückblick

Am Anfang der Aquarienkunde stand das Ziel, die aus exotischen Gewässern mitgebrachten Einzelexemplare erst einmal am Leben zu erhalten. Man ermittelte deren Temperaturbedürfnisse, probierte verschiedene Futterarten aus und

sah es als einen Erfolg an, wenn die Tiere nach einem Jahr noch lebten. Es dauerte auch eine Weile, bis man gelernt hatte, die Geschlechter einer Art zu unterscheiden. Nicht immer war die Wissenschaft hier hilfreich. Oft wurden bei besonders unterschiedlich entwickelten Männchen und Weibchen beide als selbstständige Arten beschrieben, weil sie sich derart deutlich voneinander unterschieden. Die praktische Aquaristik half hier, auch in der Namensgebung zusammenzulegen, was zusammengehörte. Hatte man aber erst einmal Paare, so blieb es bei richtiger Haltung nicht aus, dass Laich gebildet und abgelegt wurde. In den Aquarien begann sich der normale Lebenszyklus dieser Fische zu vollenden.

Das gelang am leichtesten mit den Fischen, die auch unter natürlichen Verhältnissen verschiedenen Bedingungen ausgesetzt waren, den Lebendgebärenden Zahnkarpfen. Sie waren eben wegen dieser Lebendgeburt, die eigentlich ein Ausstoßen fertig entwickelter Eier ist, in ihrer Entdeckungszeit eine Sensation. Sie erst haben der Aquarienkunde zu der bis heute anhaltenden Popularität verholfen, obgleich andere und farbenprächtige Arten Jahrzehnte früher zur Verfügung standen. Erst weitere Arten stellten neue Anforderungen an Haltung, Futter und Zucht. Eine entwickelte und nutzbare Wasserchemie gab es noch nicht, so führten Versuche über Misserfolge zu den ersten positiven Ergebnissen. Da die Wasserzusammensetzung regional verschieden ist, stellte sich erst nach und nach heraus, dass weiches Wasser für die Fischzucht vorteilhaft genutzt werden konnte. Geeignete Gegenden waren die Mittelgebirge, in Deutschland speziell Sachsen, Thüringen und der Harz. Hier etablierten sich auch die ersten Berufszüchtereien. Die dort tätigen Züchter waren gezwungen, für ihren Unterhalt konstant die von ihnen entwickelten Methoden beizubehalten, während viele Aquarianer in ihrer Freizeit experimentierten und versuchten, den jeweiligen Neueinführungen beizukommen.

# Kaufen statt züchten?

Die Entwicklung der Fischzucht hielt etwa bis in die Mitte des 20. Jahrhunderts an. Dann war es für den Handel lohnender, aus Überseefarmen die weitaus preiswerter angebotenen Nachzuchten zu importieren. In den tropischen Ländern entfielen die hohen Heizungskosten, Arbeitskräfte waren dort billiger, und selbst der Flugtransport verteuerte die Aquarienfische aus Farmzuchten nicht derart, dass in Europa gezüchtete Fische hätten bestehen können. So ist die Zucht von Aquarienfischen in Europa seither ständig zurückgegangen, weil nur wenige Züchtereien konkurrenzfähig blieben. Erhalten aber hat sich die Experimentierfreude der Aquarianer.

Jedes Jahr werden immer noch unerschlossene Gebiete erkundet und neue Fischarten entdeckt. Gegenwärtig richtet sich das Interesse der Aquarianer besonders auf die große Gruppe der Welsartigen. Moderne Filtertechnik hat dafür gesorgt, dass auch sehr anspruchsvolle, in Strömungsgebieten lebende Arten heute im Aquarium gehalten werden. Und werden sie erst einmal gut gehalten, so dauert es nicht lange, bis sie sich auch vermehren. Ist das ein paar Mal spontan erfolgt, so wird vom betreffenden Züchter, sei er nun Profi oder Amateur, eine Methode zur berechenbaren Zucht entwickelt. Um aber solche oft kostbaren Neuheiten mit dem erforderlichen Fingerspitzengefühl behandeln zu können, müssen gewisse Handgriffe „sitzen". Das ergibt sich nur aus der täglichen Praxis, und die muss man erwerben und pflegen.

Daran fehlt es gegenwärtig ein wenig, weil es so bequem ist, aus dem reichlichen Sortiment des Handels Fische für jeden Geschmack zu kaufen. Und ist deren Lebenszeit abgelaufen, kauft man eben neue. Früher war man geradezu gezwungen, den Aquarienbestand durch eigene Zuchten zu erhalten und durch Weitergabe zu verbreiten. Das hielt die Aquarianer züchterisch in Gang, Neuheiten waren dann das Tüpfelchen auf dem i. Die Arterhaltungsbestrebungen sowie die Naturschutz-Gesetzgebung werden nicht ohne Einfluss auf den gegenwärtigen Aquarienfisch-Verbrauch bleiben. Vielleicht ist die Zeit nicht fern, in der nur im Handel vertrieben werden kann, was auch in unmittelbarer Nähe gezüchtet wurde. Nur, gibt es dann noch Züchter im traditionellen Sinne?

# Maulbrütende Buntbarsche

Bei den Lebendgebärenden Zahnkarpfen können wir die relativ großen Jungfische als einen Vorteil im Kampf ums Dasein erkennen. Ähnlich vollzieht sich eine der interessantesten Brutpflegeformen, von denen die Brutpflege der Maulbrütenden Buntbarsche die bekannteste ist. Bei ihnen wird nach der Eiablage das gesamte Gelege im Maul eines oder beider Elterntiere getragen und so vor Feinden geschützt, bis die Jungfische schwimmtüchtig sind und selbst fortkommen können.

Es ist natürlich nicht nur diese biologische Erscheinung, die die Maulbrüter für uns interessant macht. Wir fühlen uns angenehm berührt, wenn wir beobachten können, wie eine Maulbrüter-Mutter die um sie herum auf Nahrungssuche schwimmenden Jungen bei drohender Gefahr einsammelt und fürsorglich birgt.

Lange Zeit hindurch gab es in der Aquaristik nur wenige Maulbrüter, ehe von den 1960er-Jahren an aus den großen Seen Ostafrikas eine Vielzahl farbenprächtiger Vertreter eingeführt wurde. Diese neuen Maulbrüter bestechen durch an Korallenfische erinnernde Farben, führen aber nur eine eingeschränkte Maulbrutpflege durch. Zwar werden die Jungfische mehrere Wochen hindurch im Maul der Mutter aufbewahrt, bis der Dottersack als Ernährungsreserve der Fischlarven aufgezehrt ist, nach dem Entlassen aus dem Maul der Mutter findet in der Folge aber keine Brutpflege mehr statt. Die Jungen verschwinden blitzschnell zwischen Steinspalten und kommen erst wieder hervor, wenn sie an Größe und „Selbstsicherheit" gewonnen haben.

# Die Haltung

Wer jedoch eine komplette Pflegeserie erleben möchte, muss eine der klassischen Maulbrüterarten beobachten. Der erste, schon 1905 aus Ägypten eingeführte Maulbrüter war der klein bleibende **Vielfarbige Maulbrüter** (*Pseudocrenilabrus multicolor*). Diese Art ist relativ friedlich, während die Maulbrüter aus dem Malawi-, dem Tanganjika- und dem Victoria-See größer, bunter, aber oft auch unverträglich sind. Ob man nun große oder kleinere Arten pflegt, stets muss man darauf achten, nicht nur ein Paar zu besitzen. Das richtige Geschlechterverhältnis sind drei bis fünf Weibchen für ein Männchen.

Dies hängt damit zusammen, dass Maulbrüter-Männchen ständig paarungsbereit sind, die Weibchen jedoch durch das Hungern während der Maulbrutpflege körperlich abbauen und eine gewisse Zeit brauchen, um sich wieder zu erholen und neue Eier bilden zu können. Steht einem Männchen nur ein Weibchen zur Verfügung, so wird dieses nicht laichbereite Tier ständig gehetzt, weil es kein paarungsbereiter Partner ist.

Die wenigsten Probleme ergeben sich mit dem Vielfarbigen Maulbrüter. Von dieser Art kann man in einem 80 l fassenden Aquarium zwei bis drei Männchen und etwa sechs Weibchen halten. Das scheint dem eingangs gegebenen Schlüssel zu widersprechen. Tatsache ist aber, dass nur eines dieser Männchen das Aquarium beherrscht, während sich die anderen verstecken müssen. Das dominierende Männchen aber zeigt seine Prachtfärbung vor allem zur Einschüchterung der anderen Männchen und wird dadurch auch für die Weibchen attraktiv. Einzeln gehaltene Männchen bleiben farblich bedeutend schwächer.

# Die Paarung

Ist ein Weibchen laichreif, so darf es sich dem Revier des Männchens nähern. Es kann auch sein, dass dieses Weibchen gesucht und mit auffälligen Balzbewegungen ins Revier gelockt wird. Dort umkreisen sich die Partner und fächeln dabei im Sand eine flache Grube aus, die das Männchen von

Zeit zu Zeit noch vertieft, indem es mit dem Maul „Sand schaufelt". Nach einigen Anläufen ohne Eiabgabe verharrt plötzlich das Weibchen, setzt mit durchgebogenem Rükken einige Eier in den Sand, dreht sich schnell herum und nimmt sie ins Maul.

Das gegenüber stehende Männchen legt sich auf die Seite und präsentiert seinen Körper. Am Ende der zusammengelegten Afterflosse leuchtet ein orange bis rötlicher Fleck. Dorthin schwimmt das Weibchen und versucht, diesen Fleck ebenfalls aufzunehmen, weil er die gleiche Farbe wie die abgelegten Eier zeigt. Bei diesem Schnappen gelangen die vom Männchen abgegebenen Samenzellen über das Wasser zu den im Maul befindlichen Eiern. Erst dadurch findet die Besamung letztendlich statt.

Innerhalb von etwa einer Stunde kann solch ein etwa 10 cm langes Weibchen bei gutem Ernährungszustand bis über 100 Eier ablegen und wieder aufnehmen. Anschließend ist der Körper deutlich eingefallen, die Maulpartie dagegen durch eine dehnbare Kehlhaut unübersehbar angeschwollen. Von da an geht das Weibchen auch auf die Balzbewegungen des Männchens nicht mehr ein und muss sich verstecken, weil das Männchen nur laichbereite Weibchen im Revier duldet.

# Rücksicht auf das Weibchen

Vorsichtige Züchter nehmen das Weibchen nun aus dem Aquarium. Das kann gut gehen, wenn es gelingt, das Tier ohne große Beunruhigungen herauszuschöpfen. Beim Fangen mit einem Netz spucken die Weibchen in der Bedrängnis den Laich aus und nehmen ihn nicht unbedingt wieder auf. Das Herausschöpfen gelingt am besten, wenn man in der Nacht mit einer Taschenlampe den Standort des Weibchens an der Oberfläche ermittelt und es mit einem entsprechend großen Behälter überraschend einsaugt.

Die klein bleibenden Maulbrüterarten benötigen je nach Wassertemperatur rund 14 Tage für die Eientwicklung, bei den großen Arten können drei bis vier Wochen vergehen. Die dünne Kehlhaut und das häufig offen stehende Maul gestatten es, die Entwicklung der Jungfische zu verfolgen. Die anfangs großen Dottersäcke werden reduziert, zunehmend erkennt man die Augen, und unmittelbar vor dem Entlassen der Jungfische begibt sich das Weibchen in die Nähe des Bodens. Es wird auch zunehmend scheu. Wenn man die Jungen das erste Mal sieht, heißt das nicht, dass sie auch wirklich zum ersten Mal „draußen" waren. Aber spätestens bei der ersten Beobachtung muss Futter für das Weibchen und die Jungen gegeben werden. Zur Vorsicht kann man das schon ein paar Tage zuvor tun, die Gefahr, dass Junge abgeschluckt werden, weil das Weibchen zu fressen versucht, besteht nicht. Eher wurde beobachtet, dass die Eier oder die Larven für die Nahrungsaufnahme abgelegt und später wieder eingesammelt wurden.

Gerade bei den klein bleibenden Maulbrütern ist es nun reizvoll zu sehen, wie das Weibchen noch mehrere Tage hindurch die Jungfische bei vermeintlicher Gefahr einsammelt, sie entlässt und vor allem gegen Abend durch charakteristische Flossenbewegungen zum Anschwimmen des Maules veranlasst. Diese Phasen fehlen bei den großen Maulbrütern, die heute allerdings wegen ihrer Farbenpracht häufiger gehalten werden. Die fast 1 cm messenden Jungfische sind sehr leicht aufzuziehen, weil sie jedes auch nur zu bewältigende Futter gierig verzehren.

# Andere Buntbarsche

Allen Buntbarscharten ist eine fürsorgliche Betreuung des Laiches und der Jungfische eigen. Freilich betreiben sie ihre intensive Brutpflege in einem dafür freigekämpften Revier, und so gelten sie aus dem gleichen Grunde als „streitsüchtig", „bissig" und „unverträglich". Das aber sind Einschätzungen, die von falschen Erwartungshaltungen der Aquarianer zeugen. Wer Buntbarsche schön findet und sie ihren Bedürfnissen entsprechend richtig pflegt, muss sich meist keine Sorgen um deren gesundes Heranwachsen machen. Dazu gehört aber auch das Erreichen der Geschlechtsreife und die Einleitung der mit dem Fortpflanzungsgeschehen verbundenen Verhaltensabläufe. Das kann man nicht verhindern! Und ernstlich will das wohl auch niemand. Gehört es doch zu den schönsten Erlebnissen der Aquaristik, wenn ein Paar den Jungfischschwarm durch das Aquarium begleitet. Dass dabei andere Fische in die Rolle von Feindfaktoren oder gar „Prügelknaben" gedrängt werden, ist ein ebenso natürlicher Prozess. Man muss eben Beifische auswählen, die sich entweder schnell den Attacken der Eltern entziehen können oder die sich in Räumen aufhalten, wo sie vor den Elterntieren sicher sind.

Wenn man junge Buntbarsche im Geschäft erwirbt, kann man noch nicht erwarten, die künftige Entwicklung der Geschlechter zu erkennen. Empfohlen werden acht bis zehn

Jungfische, mitunter hat man bereits beim Kauf von sechs Tieren Glück, ein Paar zu erwischen. Die heranwachsenden Jungfische verhalten sich zunächst, auch unter den Artgenossen, absolut friedlich.

Erst unmittelbar vor der Geschlechtsreife nehmen die Kämpfe ernsthaftere Formen an. Die künftigen Männchen behaupten ihr Revier, unterlegene Fische müssen weichen. Auch unter den Weibchen können solche Auseinandersetzungen stattfinden, und das stärkste von ihnen wird seinerseits

wieder vom Männchen auf Partnertauglichkeit geprüft. Es ist häufig so, aber nicht die Regel, dass dieses stärkste Weibchen

auch als Partnerin akzeptiert wird. Von da an ist es besser, die anderen Fische der gleichen Art aus dem Aquarium zu entfernen, da das zusammenstehende Paar während der Vorbereitungen zum Ablaichen alle anderen Fische recht rücksichtslos zumindest aus dem Revier vertreibt. Das kann bei manchen unduldsamen Arten das gesamte Aquarium sein! Buntbarsche sind also nicht unbedingt für jedes Gesellschaftsbecken geeignet.

**INFO**

### Auch die Zwerge brauchen Platz

*Nun ist es von der Größe des Aquariums abhängig, welche der über 100 im Handel erhältlichen Buntbarsche man pflegt. Dennoch, viel Raum brauchen sie alle, selbst wenn die Sammelbezeichnung Zwergbuntbarsche für einige Arten den Eindruck erweckt, sie auch in extrem kleinen Aquarien halten zu können. Zwergbuntbarsche sind keine zoologisch-systematische Gruppe. Man versteht darunter Arten, deren Männchen nicht mehr als 10 bis 12 cm Länge erreichen. Gerade die kleineren Arten gleichen, was ihnen an Kraft fehlt, durch Aggressivität aus, und so können auch Zwergbuntbarsche, besonders die Weibchen, bei der Verteidigung ihrer Brut ausgesprochen „giftig" werden.*

# Die Skalare

Zu den bekanntesten Buntbarschen gehören die **Skalare** oder **Segelflosser** (*Pterophyllum scalare*). Sie sollten nicht unter anderen Arten in einem Gesellschaftsaquarium gepflegt werden. Besser ist es, sie stellen den Hauptbesatz dar, und man fügt ihnen einige passende Arten hinzu. An der Oberfläche können ein paar Ziersalmler der Gattung *Nannostomus* schwimmen, am Boden stören einige **Panzerwelse** (Gattung *Corydoras*) nicht, und Lebendgebärende Zahnkarpfen werden, wenn erforderlich, mit Leichtigkeit vertrieben.

Die Jungfische der letzteren stellen eine willkommene Futterergänzung dar und werden häufig gerade in Zuchtaquarien für Skalare gehalten, zum Beispiel Schwertträger. Innerhalb eines Jahres nach dem Erwerb der Jungfische lassen sich die Geschlechter der Segelflosser gut unterscheiden, auch wenn das in der Literatur noch immer als fraglich hingestellt wird. Männchen sind grundsätzlich größer und besitzen eine breite und nach außen gewölbte Stirn. Die obere Kopflinie der Weibchen dagegen bleibt stets nahezu gerade.

# Findet sich ein Paar?

Auch die als Jungfische recht ruhigen Skalare durchlaufen eine „Rüpelphase“, in der namentlich die Männchen, schräg im Wasser liegend, aufeinander losgehen und sich gegenseitig zu imponieren versuchen. Maulzerren und derbe Püffe bleiben dabei nicht aus. Ziel ist auch hier die Gründung eines Reviers, in dem ein Männchen absoluter Herrscher ist. Bald gesellt sich eines der Weibchen hinzu, und gemeinsam beginnt das Paar, ein schräg oder steil nach oben wachsendes Blatt zu putzen. Fehlen solche Pflanzen, so heften laichwillige Segelflosser die Eier auch an Heizungen, Rohren oder den Aquarienscheiben an.

Obgleich es vielfach heißt, dass Paare, die sich von alleine gefunden haben, auch gute Brutpflege betreiben, muss das nicht unbedingt stimmen. In gewisser Weise erkennt man das schon bei den ersten Laichablagen. Je enger die Eier zusammenliegen und je geschlossener das Gelege wirkt, desto besser harmoniert das Paar gewöhnlich. Wird der Laich aber in regellosen Streifen abgelegt und ist über das gesamte Blatt verteilt, ist das Paar entweder noch zu jung und ungeübt, oder es passt grundsätzlich nicht zusammen. Der

Züchter greift dann ein und verpaart das im Territorium verbleibende Männchen mit einem anderen Weibchen. Oft muss man dem Männchen mehrere Weibchen anbieten, ehe ein gutes Paar zusammenbleibt.

# Die Brutpflege

Im Idealfall bewacht das Männchen den Raum um die Ablaichpflanze, während das Weibchen die Eier betreut. Durch ständiges Betupfen mit dem Maul werden Beläge entfernt, weiße, unbefruchtete Eier abgelesen, und durch heftiges Wedeln mit den Brustflossen sorgt das Weibchen für eine gute Wasserzirkulation. Je nach Wassertemperatur, die möglichst nicht unter 25 °C fallen sollte, schlüpfen die Jungfische am dritten bis fünften Tag nach der Eiablage. Beide Eltern nehmen die Jungfische mit dem Maul ab und spucken sie zu einer kleinen Traube zusammen. Einige Schnellentwickler werden von den Eltern eingefangen, aber nicht gefressen, sondern wieder in die Traube gespuckt. Schließlich schwärmen die Kleinen, noch unbeholfen schwimmend, zwischen den Eltern aus.

In einem Gesellschaftsaquarium mit geeigneten Beifischen sorgt ein gut pflegendes Paar dafür, dass an die Jungen kein Feindfisch herankommt. Man kann die Pflegebemühungen

***INFO***

## *Das Futter für die Kleinen*

*Gut geeignet sind frisch geschlüpfte Nauplien des Salinenkrebses (Artemia salina). Sie sind im Handel in Form hartschaliger Eier erhältlich, die in einer warmen Salzwasserlösung bei starker Durchlüftung zum Schlupf gebracht werden. In den ersten Stunden sind diese Larvenstadien noch weich und können von den Jungfischen leicht eingesaugt werden. Nach einem Tag wird der Panzer schon hart, und kleine Jungfische haben Schwierigkeiten, den Brocken aufzunehmen. Das heißt, in der ersten Woche muss für die tägliche Fütterung auch jeden Tag ein neuer Ansatz der Salinenkrebse erfolgen.*

des Paares unterstützen, indem in der ersten Woche eine schwache Raumbeleuchtung auch nachts eingeschaltet bleibt, z. B. eine Schreibtischlampe, die auch vom Aquarium entfernt stehen kann. Es kommt vor, dass die Jungfische beim plötzlichen Abschalten der Aquarienbeleuchtung erschrecken und herumzuschießen beginnen. Damit ist der schützende Schwarm aufgelöst, und die Eltern verlieren die Kontrolle.

# Die Labyrinthfische

Die Brutpflege der Labyrinthfische ist auf ein Geschlecht beschränkt – auf die Männchen. Sie besetzen das Revier, bauen ein aus vielen mit Speichel eingehüllten Luftblasen bestehendes Schaumnest, in das die Eier eingebettet werden,

pflegen dieses Nest und die Eier und sogar noch ein paar Tage lang die ausschwärmenden Jungfische. Oft werden in einem solchen Nest die Eier von mehreren Weibchen gesammelt. Gut entwickelte Weibchen können, zum Beispiel bei **Fadenfischen** (*Trichogaster trichopterus*) und ihren Zuchtformen, rund 1 000 Eier ablegen. Das stellt den Züchter vor die Schwierigkeit, für die winzigen Jungfische erhebliche Mengen Erstfutter bereitzustellen.

Die leicht zu gewinnenden Salinenkrebs-Nauplien werden aber erst nach etwa sieben bis zehn Tagen bewältigt. Rädertierchen oder die Nauplien einheimischer **Hüpferlinge** (*Cyclops*) stehen jedoch je nach Landschaft nur zu verschiedenen Jahreszeiten in den erforderlichen Mengen zur Verfügung, sodass die Zucht von Labyrinthfischen schon zur hohen Schule der Aquaristik gehört, vor allem die Aufzucht.

Zum Ablaichen bringt man diese Fische dagegen leicht. Das geschieht auch in genügend großen Gesellschaftsaquarien, allerdings wieder mit der Einschränkung, dass alle brutpflegenden Arten zeitweilig Reviere erkämpfen und andere Fische verjagen, dabei auch beschädigen und töten können. Das trifft gerade auf die farbenprächtigsten Labyrinthfische zu, ebenso auf die Buntbarsche.

# Die kleinen Fadenfische

Dagegen findet man in vielen Gesellschaftsaquarien vor allem die Zuchtformen des **Punktierten Fadenfisches**, **Blaue, Silber-, Gold-** und **Marmor-Guramis**. Sie werden unbedenklich als Jungfische eingesetzt und scheinen bei vielen

Liebhabern auch keine Probleme zu bereiten. Aquarianer, die sich jedoch viel mit der Zucht dieser Fische befassen, wissen, dass ausgewachsene Männchen auch große Aquarien hemmungslos tyrannisieren können, wenn erst einmal ein Schaumnest gebaut wurde oder gar schon Laich darin abgelegt ist. Nicht nur das betreffende Weibchen muss sich von da an verstecken, auch jeder andere Fisch wird geradezu erbittert verfolgt. Das soll an dieserStelle nur gesagt sein, um vor dem leichtfertigen Kauf dieser überall erhältlichen Fische zu warnen.

Leichter zu handhaben, aber auch nicht ganz ungefährlich, sind die kleinen Fadenfischarten der Gattung *Colisa*. Dazu gehören der **Zwergfadenfisch** (*Colisa lalia*), den es auch in mehreren Zuchtformen gibt, und der **Dicklippige Fadenfisch** (*Colisa labiosa*). Vor allem die Ursprungsform der erstgenannten Art ist einer der schönsten Aquarienfische, weil diese Form mit etwa 5 cm Länge ein verträgliches Maß auch für mittelgroße Aquarien erreicht. Nur zur Fortpflanzungszeit werden die Tiere unverträglich. Es ist dann besser, mehrere Paare in einem größeren Aquarium zu halten als ein einzelnes in einem Gesellschaftsaquarium. Mehrere Männchen binden einander durch ständige Rangeleien, wodurch andere Fische unbehelligt bleiben. Ein einzelnes Männchen kann sich jedoch auf jeden „Feind" konzentrieren. Auch hier gehört das Weibchen nach dem Ablaichen zu den Gejagten. Die Aufzucht ist ebenso schwer, wie bei den großen Fadenfischen geschildert, oder ebenso leicht, wenn das geeignete Futter in ausreichenden Mengen zur Verfügung steht.

# Die Kampffische

Das Extrem der territorialen Männchen wird durch die **Kampffische** (*Betta splendens*) dargestellt. Tatsächlich kann man pro Aquarium nur ein Männchen halten, und oft genug klagen Liebhaber, dass dieses eine Männchen andere Aquarienbewohner beschädigt habe. Hier gibt es nur eine

Lösung, die an die Vorgehensweise bei den Maulbrütern erinnert, nämlich die Haltung mehrerer Weibchen zu einem Männchen. Bei Paarhaltung ist das Weibchen vollkommen überfordert und meistens auf der Flucht.

Bei mehreren Weibchen jedoch ist das Männchen derart eingebunden und abgelenkt, dass es davon absieht, ein Tier gezielt zu verfolgen. Die Aufzucht von Kampffischen ist, das geeignete Kleinfutter vorausgesetzt, vielleicht noch am leichtesten. Sie wird aber dadurch erschwert, dass man ab einer Größe von etwa 3 cm die Männchen einzeln isolieren und für sich aufziehen muss. Sie beginnen schon in dieser Größe, miteinander zu kämpfen, und beschädigen sich dabei gegenseitig die Flossen.

# Die Regenbogenfische

Wenn große Eimengen nicht nur auf einmal, sondern an mehreren Tagen hintereinander in Portionen abgegeben werden, so spricht man von Dauerlaichern. Zu ihnen gehören recht farbenprächtige Arten, die erst vor zwei Jahrzehnten in Europa Beachtung gefunden haben.

Aber wie bei allen Massenproduzenten sind auch hier Eier und Jungfische sehr klein und machen bei der Aufzucht Mühe. Noch eine andere Einschränkung muss besonders bei Regenbogenfischen beachtet werden: Alle Arten sind geologisch sehr jung und neigen im Aquarium zu Kreuzungen. Inzwischen wurde durch gezielte Versuche ermittelt, dass keine Kreuzung attraktivere Fische ergibt als die Ausgangsarten. Seither gilt unter Züchtern die Regel, stets nur eine Art pro Aquarium zu halten, um zufällige Bastardierungen auszuschließen. Das kann man Liebhabern nicht vorschreiben, muss es aber empfehlen. Die Enttäuschung ist meist groß, wenn von den winzigen Jungfischen mit Mühe einige aufgezogen werden konnten, sich aber herausstellt, dass sie unansehnlich bleiben, weil eine Vermischung stattgefunden hat.

***INFO***

**Der größte Regenbogenfisch**

*Zu den größten Arten gehören die Lachsroten Regenbogenfische (Glossolepis incisus). Sie sind erwachsen prächtig rot und erinnern auch in ihrer Kopfform an reife Lachse. Diese Art ist jedoch nichts für ungeduldige Aquarianer, weil die Jungfische fast ein Jahr lang silbergrau bleiben und erst dann geschlechtsreif und farbig werden.*

# Barben und Bärblinge

Die große Zahl der im Handel angebotenen Barben und Bärblinge kommt heute aus Farmzuchten in Übersee und nicht mehr aus Züchtereien in Europa. Auch die Liebhaber beschäftigen sich weitaus eher mit den leichter aufzuziehenden Buntbarschen oder Lebendgebärenden als mit Barben und Bärblingen, die oft sehr kleine Jungfische hervorbringen. Die traditionelle Zucht dieser Fische fand in eigens dafür hergerichteten Kleinaquarien ohne Bodengrund statt. Dafür musste über dem Boden des Glasgefäßes ein Laichrost angebracht werden, denn nahezu alle Arten stellen nach dem Ablegen der Eier ihrem Laich nach und fressen ihn auf. Nach dem Ablaichen wurden die Elterntiere herausgefangen und die nach fünf Tagen frei schwimmenden Jungtiere mit Rädertierchen oder Zyklops-Nauplien herangezogen. Das macht heute kaum noch ein Liebhaber, obgleich der Aufwand für diese Zuchten, sehen wir einmal vom Futter ab, nicht so groß ist, wie es gelegentlich dargestellt wird.

# Der Kardinalfisch

Doch es gibt eine Barbe, die ähnlich wie die Regenbogenfische in einem Aquarium für sich gehalten und mühelos vermehrt werden kann. Es handelt sich um den **Kardinalfisch** (*Tanichthys albonubes*). Ein Trupp von zehn bis 15 Fischen enthält unter Garantie genügend Männchen und Weibchen. Sie lassen sich mit einem guten Flockenfutter und gelegentlichen Frostfuttergaben mühelos zu guter Kondition heranziehen.

Da auch sie zu den Dauerlaichern gehören, finden an nahezu jedem Tag Eiablagen statt. Die winzigen Jungfische bleiben von den Eltern unbeachtet und sind auch für den ungeübten Liebhaber zunächst schwer zu entdecken. Sie halten sich unmittelbar unter der Oberfläche auf und finden in einem längere Zeit eingerichteten Aquarium eben dort und in feinfiedrigen Wasserpflanzen wie **Javamoos** und **Tausendblatt** (*Myriophyllum*) offenbar ausreichend Mikroorganismen für die Ernährung in den ersten Tagen.

Man wird erst auf sie aufmerksam, wenn sie einen nun allerdings unübersehbaren blauen Leuchtstreifen bekommen, der an junge Neonsalmler erinnert. Dann sind sie bereits aus dem Gröbsten heraus und lassen sich mit fein zerriebenem Flockenfutter leicht weiter aufziehen. Auch für diese Fische gilt, dass mittelgroße Jungfische ihren kleinen Geschwistern gefährlicher werden als die Zuchtfische, sodass der Bestand niemals überhand nimmt. Wer mehr aufziehen möchte, schöpft die Jungfische ab und zieht sie in einem gesonderten Aquarium auf.

# Die Keilfleckbarbe

Ein Sonderfall war lange Zeit die begehrte und schwer zu züchtende **Keilfleckbarbe** (*Rasbora heteromorpha*). Vor über 60 Jahren, als der Neonsalmler gerade entdeckt war, ge-

lang die Zucht nur in extrem weichem und saurem Wasser. Dieses kann man heute mit geringem Aufwand herstellen, deshalb ist die Zucht der Keilfleckbarbe kein Problem mehr. Erstaunlicherweise aber hat sich unter den Aquarianern bis heute der Ruf als „Problemfisch" gehalten. Es bereitet schon keine Mühe mehr, Männchen und Weibchen zu unterscheiden. Der schwarze Keilfleck ist bauchwärts bei den Männchen länger und spitz ausgezogen, während bei den Weibchen zwischen unterem Keilende und Bauchlinie eine mehrere Millimeter breite, helle Zone zu sehen ist. Allerdings laicht auch heute

**INFO**

### Die Brutpflege

*Die nach 36 Stunden schlüpfenden Jungen hängen zunächst an den Scheiben oder zwischen den Pflanzen und erscheinen erst am fünften Tag im freien Wasser. Sie sind erstaunlich groß und lang gestreckt, allerdings nicht so groß wie junge Maulbrüter. Ihr relativ großes Maul erlaubt sofort die Aufnahme von Salinenkrebs-Nauplien, sodass die Aufzucht sogar ausgesprochen leicht ist. Seltsamerweise sind die meisten Aquarianer noch immer zurückhaltend und trauen sich nicht zu, Keilfleckbarben einmal selbst zu züchten.*

nicht jedes Männchen mit jedem Weibchen. Ein ausgiebiges Paarungsvorspiel, bei dem die Männchen über dem Rücken der Weibchen testen, ob eine Synchronität der Bewegungen erreicht werden kann, leitet die Paarung ein. Das Weibchen begibt sich unter ein Blatt, dreht sich bauchwärts nach oben, während das Männchen sich hufeisenförmig um den Rücken des Weibchens schlingt. Bei dieser Umklammerung werden die Eier an die Unterseite breitblättriger Pflanzen geheftet. Es hat sich herausgestellt, dass nur Eier verzehrt werden, die nicht haften und absinken.

# Die Salmler

Das Pauschalurteil über diese sehr vielgestaltige und uneinheitliche Fischgruppe ist ebenso grob wie unzutreffend:

Schwarmfische, nur in weichem Wasser zu züchten, viel Aufwand, aber im Gesellschaftsbecken brauchbar. Es gibt ganze Bücher allein über Salmler, die nur unvollkommen die Formenvielfalt und die Lebensweisen der als Salmler zusammengefassten südamerikanischen und afrikanischen Fische darstellen. Ebenso schwierig ist es, in dieser kurzen Einführung Grundsätzliches zur Salmlerzucht zu beschreiben, weil es so wenig Allgemeingültiges gibt.

Tatsächlich ist zutreffend, dass man für die Zucht des bekannten **Neonsalmlers** (*Paracheirodon innesi*) weiches und saures Wasser benötigt und die Jungfische in den ersten Wochen großer Aufmerksamkeit bedürfen. Die geringste Wasserverschmutzung durch Bakterien führt zum Totalverlust der Brut.

Aber damit beginnt für gewöhnlich auch niemand! Man wählt für die ersten Versuche **Rote von Rio** (*Hyphesso-*

*brycon flammeus*) oder ähnlich leicht züchtbare Arten, deren Jungfische auch in härterem Wasser schlüpfen und mit fein zerriebenem Flockenfutter über die ersten Tage zu bringen sind, ehe sie Salinenkrebs-Nauplien bewältigen.

Auch hier bestand die traditionelle Methode darin, ein bodengrundfreies Glasaquarium mit Laichschutz zu verwenden und eines oder mehrere Paare zum Laichen abzusetzen. Von den reichlich abgegebenen Eiern schlüpften stets genügend Jungfische, sodass auch Anfängern die Aufzucht einiger Tiere gelang.

# Brutpflegende Salmler

Auch unter Salmlern gibt es brutpflegende Arten in den Gattungen *Copella* und *Pyrrhulina*. Dabei ist besonders eine Art, der **Spritzsalmler** (*Copella arnoldi*), durch eine einzigartige Fortpflanzungsweise bekannt geworden.

Die Männchen besetzen Reviere an der Oberfläche des Aquariums, das freilich entsprechend hergerichtet werden muss. Es muss etwa 6 bis 10 cm Luftraum bis zur Deckscheibe enthalten. In diesem Luftraum kann man Blätter einer Efeutute oder ein Philodendronblatt einbringen und befestigen. Die primitivste Methode besteht darin, oben auf die Deckscheibe ein Stück Pappe zu legen.

Die Spritzsalmlermännchen nehmen diese Vorgabe sofort an und schwimmen darunter. Nach einigen unruhigen Schwimmphasen nehmen sie eine senkrechte Stellung ein und springen unter die Blätter oder kleben unter der Deckscheibe. Haben sie sich ein gewisses Distanzgefühl geschaffen, so nehmen sie die heranschwimmenden und laichbereiten Weibchen bei den nächsten Sprüngen mit nach oben, wo das Gelege außerhalb des Wassers angeheftet wird. Nach jeder Laichabgabe fallen die Tiere ins Wasser zurück und springen erneut. Besonders stimulierte Männchen können auch mit mehreren Weibchen Riesengelege von mehr als 100 Eiern ansammeln. Danach verbleibt das Männchen unter dem Laichplatz und spritzt von Zeit zu Zeit gezielt Wasser auf die Eier, bis die Jungen geschlüpft sind und mit einem Wassertropfen ins Aquarium fallen.

Wie das Aufziehen junger Skalare stellt auch das Beobachten dieses in der Fischwelt bei keiner weiteren Art beobachteten Verhaltens einen Höhepunkt dar. Es zeigt außerdem, dass „die" Salmler eine schwer zu fassende Gruppe von Fischen darstellen.

# Die Warmwasserfische

Warmwasserfische lassen sich heute meist leichter und einfacher halten, pflegen und auch züchten als jene aus dem so genannten Kaltwasser. Alles ist standardisiert: Die Heizung wird der Beckengröße angepasst und kann mittels Thermostat so eingestellt werden, dass die Wassertemperatur vom eingestellten Wert höchstens 1 bis 2 °C nach oben oder unten abweicht. Filter sorgen für reines Wasser und Sauerstoff für gute Durchlüftung. Die Beleuchtung kommt dem natürlichen Tageslicht in seiner Intensität und Zusammensetzung sehr nahe, und dank Testsets lassen sich die Wasserwerte exakt bestimmen und mit Chemikalien jenen genauestens anpassen, die die exotischen Zierfische in ihrer Heimat vorfinden.

Die Haltung von Warmwasser-Zierfischen ist demnach wirklich keine Kunst mehr, sondern bestenfalls Handwerk: Man nehme ... – grundsätzlich stimmt diese Ansicht. Es gibt zwei, drei Dutzend Zierfische, bei denen man kaum etwas falsch machen kann und die auch dann gedeihen, wenn sie mal eine Stunde weniger Licht haben als in ihrer Heimat, wenn aus Versehen eine Fütterung ausfällt oder wenn der pH-Wert nicht haargenau eingehalten wird.

***INFO***

***Und erst die Futtermittelindustrie!***

*Sie bietet jede erdenkliche Nahrung an, die einem Zierfisch schmecken könnte – vom Fertigfutter, das angeblich alle notwendigen Ballaststoffe, Vitamine und Mineralien enthält, bis hin zum speziellen Lebendfutter, das man winzigen Neugeborenen in ihren ersten Lebenstagen reichen muss.*

# Die Warmwasserfische

Auf den folgenden Seiten sollen zu einem Großteil jene Zierfische besprochen werden, die sich ohne Doktorarbeit in Fischkunde halten, pflegen und züchten lassen. Gleichwohl werden auch einige Prunkstücke und Kostbarkeiten wie Diskus und seltenere Cichliden aus Südamerika und Ostafrika erwähnt; dies soll einerseits die Neugier wecken und andererseits der Erkenntnis Rechnung tragen, dass man als Anfänger nach einiger Zeit doch schon genug Erfahrungen gesammelt hat, um sich auch heikleren Pfleglingen zuwenden zu können.

# Afrikasalmler

Afrikasalmler sind nicht immer einfach zu halten, und es gibt kaum Arten, die man als Anfängerfische bezeichnen könnte. Am wohlsten fühlen sie sich in langen Becken, die auf den Seiten und im Hintergrund dicht bewachsen sind und dadurch viel freien Schwimmraum haben, durch den die Salmler unermüdlich ziehen. Das Wasser sollte weich und leicht sauer sein und Temperaturen zwischen 23 und 27 °C aufweisen. Eine gute Sauerstoffdurchlüftung ist für das Wohlbefinden der Fische Voraussetzung. Sie fallen weniger durch bunte Farben und markante Muster als durch wunderschöne Metallfarben auf, die sich je nach Lichteinfall mal kräftig, mal zurückhaltender zeigen. Viele Arten sind recht stattliche Fische, die 8 bis 10 cm lang werden. Im Schwarm gehalten, bieten sie einen herrlichen Anblick, der selbst die buntesten Südamerikaner vergessen lässt. Angeboten werden bei uns vor allem der **Kongosalmler** (*Phenacogrammus interruptus*) aus dem Gebiet des Kongoflusses. Zur gleichen Familie gehören der **Gelbe Kongosalmler** (*Hemigrammopetersius caudalis*) und der **Rote Kongosalmler** (*Alestes imberi*) sowie der bis 12 cm lange **Langflossensalmler** (*A. longipinnis*). Es sind ausnahmslos interessante Schwarmfische, die in Becken von mindes-

tens 80, besser 100 cm Länge gepflegt werden. Der Bodengrund sollte eher dunkel sein und die direkte Deckenbeleuchtung durch Schwimmpflanzen gemildert werden (Ausnahme: Der Langflossensalmler schätzt helles Licht). Diese Salmler sind Allesfresser mit einer besonderen Vorliebe für Lebendfutter. Daneben bekommen sie Flocken entsprechender Größe, und manche, wie der Kongosalmler, bedienen sich an zarten Wasserpflanzen.

Wer in der Aquarienpflege bereits Erfahrungen gesammelt hat, wird an einem Artbecken mit Afrikasalmlern große Freude haben.

# Labyrinthfische

Zoologisch korrekt wird die Unterordnung *Anabantoidei* als Kletterfischverwandte bezeichnet. Bei den Aquarianern kennt man sie jedoch überwiegend unter der Bezeichnung Labyrinthfische. Von den vier Familien der Unterordnung ist für

Aquarienanfänger lediglich eine von Interesse, nämlich jene der **Bettas** (*Belontiidae*), zu denen so bekannte Vertreter wie Makropoden, Kampf- und Fadenfische sowie Guramis gehören.

Fast alle im Handel angebotenen Arten lassen sich problemlos halten und pflegen. Sie erreichen oft ein für kleine Fische erstaunlich hohes Alter von sechs bis acht Jahren. An das Wasser stellen sie recht geringe Ansprüche, sowohl in Bezug auf den pH-Wert (zwischen 6 und 8, also leicht sauer bis leicht alkalisch) als auch auf die Härte – die je nach Art zwischen 6 und 20 °dH betragen sollte.

Die meisten Arten kommen aus den tropischen Gewässern Indiens und Südostasiens, benötigen also Wassertemperaturen um die 25 °C. Einige Makropoden aus China und Korea lassen sich aber auch im Kaltwasseraquarium halten, wenn die Temperatur nicht unter 16 °C absinkt.

Bettas sind zumeist Allesfresser. Man füttert sie mit ihrer Größe entsprechendem Lebendfutter, aber auch mit Flocken und Tabletten. Genauere Hinweise sollte man sich beim Kauf einer Art vom Händler oder Züchter geben lassen.

# Siamesischer Kampffisch

Dieser wunderschöne Labyrinther kam vor 100 Jahren erstmals nach Deutschland und hat bis heute viele Freunde gefunden. Er stammt ursprünglich aus Thailand und Kambodscha und wurde im Laufe der Jahrzehnte in zahlreichen

Farbmutationen gezüchtet. Männchen und Weibchen unterscheiden sich in der Farbintensität wie auch in der Flossengröße: Die Männchen sind bunter und besitzen bedeutend größere Flossen. Manche Züchtungen werden als Schleierkampffische bezeichnet. Ausgewachsen sind sie 6 bis 7 cm lang und zeigen ausgeprägte Rot-, Grün-, Dunkelbraun- oder Blaufärbung. Die Männchen kann man nicht zusammen im gleichen Becken halten, weil sie sich, wie ihr Name sagt, bekämpfen, dem Gegner die Flossen zerbeißen und ihn im Extremfall umbringen. Ein einzelnes Männchen lässt sich jedoch mit zwei bis vier Weibchen im Art- oder Gesellschaftsbecken halten. Von allen Kampffischarten ist *Betta splendens* die anspruchsloseste. Die Mindestgröße eines Beckens für ein Paar sollte aber nicht unter 50 l liegen, die Temperatur des Wassers bei 25 bis 26 °C, während pH-Wert und die Gesamthärte keine allzu große Rolle spielen.

Als Futter bekommt der Siamesische Kampffisch vorwiegend lebende und tiefgefrorene, jedoch aufgetaute Tiere sowie ein Flockenfutter, das sowohl pflanzliche als auch tierische Stoffe enthält.

# Makropode oder Paradiesfisch

Der Paradiesfisch ist der ideale Anfängerfisch, bei dem man kaum etwas falsch machen kann! Er verträgt jede bei uns vorkommende Wasserhärte und jeden denkbaren pH-Wert. In seiner Heimat Ostasien lebt er häufig in überschwemmten

Reisfeldern, in Tümpeln und flachen Teichen, in denen er gute Deckung findet. Ausgewachsen kann der Makropode 10 bis 11 cm lang werden; im Aquarium werden es selten mehr als 6 bis 8 cm. Die Männchen zählen zu den besonders schönen Zierfischarten, die Weibchen stehen ihnen nur wenig nach. Wie bei anderen Bettas sind auch beim Makropoden die Männchen untereinander unverträglich und bekämpfen sich heftig. Man sollte den Makropoden deshalb paarweise halten und in einer Beckengröße ab etwa 70 l. Es empfiehlt sich, zur Hintergrund- und Seitenbepflanzung des Aquariums keine zarten Arten wie Tausendblatt u. ä. zu verwenden, sondern robuste wie langblättrige *Echinodorus* und *Cryptocoryne*, aber auch *Vallisneria*. Bei der Haltung ist unbedingt darauf zu achten, dass das Aquarium gut abgedeckt ist: Makropoden springen häufig, und wenn das Becken offen ist, wird man bald Verluste zu verzeichnen haben.

Makropoden sind es gewöhnt, in stehendem, auch trübem und sauerstoffarmem Wasser zu leben. Die Balz der Makropoden ist ein wunderschönes Schauspiel, einem Wasserballett gleich und voller eleganter Bewegungen und Schwünge. Das Gelege umfasst 200 bis höchstens 500 Eier, aus denen nach etwa eineinhalb Tagen die Jungen schlüpfen, die rund vier Tage lang im Nest bleiben und dieses dann verlassen. Etwas größer als der Makropode wird der **Ceylon-Makropode** (*Belontia signata*), nämlich bis zu 13 cm lang. Er sollte nur mit ebenfalls robusten Arten gehalten werden, stellt seinerseits aber kaum höhere Ansprüche als der Paradiesfisch.

# Der Mosaikfadenfisch

Die erwachsenen Tiere erreichen eine Länge von 6, 10 oder 12 cm. Sie stammen aus dem südlichen und südöstlichen Asien, wo sie in stehenden und in gemächlich fließenden Gewässern, z. T. auch in Reiskulturen leben. Sie mögen einerseits eine recht dichte Vegetation – im Aquarium als Seiten- und

Hintergrundbepflanzung – und andererseits freien Schwimmraum, durch den sie ruhig und ohne Hast ziehen und in dem sie oft längere Zeit stillstehen. Die Wassertemperaturen liegen zwischen etwa 22 und 28 °C, für die Zucht eher am oberen Limit.

Der **Zwergfadenfisch** (*Colisa lalia*) sollte nicht mit größeren Arten zusammen gehalten werden. Er schätzt es zudem, wenn man sein Wasser in eher kurzen Abständen teilweise ersetzt (wöchentlich 20 bis 30 % des Inhalts).

Der **Blaue Fadenfisch** (*Trichogaster trochopterus*) – von dem es bereits verschiedene Mutationen wie **Marmorierter** und **Albino-Fadenfisch** gibt – und der Mosaikfadenfisch sind überaus anspruchslos. Auf pH- und Härtewerte muss man kaum achten, und wenn die Temperatur einmal auf 20 °C absinkt, schadet das den Fischen nicht – wobei das nicht zur Regel werden sollte, weil sich sonst mit der Zeit Erkältungskrankheiten zeigen.

Fadenfische sind Allesfresser, und besonders die größeren Arten vertilgen alles, was ihnen vor die Nase kommt: Lebendfutter, Trockenfutter, Flockenfutter, Pflanzenfutter, Pellets und Tabletten. Zu empfehlen ist ein Artbecken, in dem man zehn bis zwölf Tiere einer Spezies pflegt und dann Gelegenheit hat, Verhaltensweisen zu beobachten, die sie im Gemeinschaftsbecken kaum zeigen.

# Echte Salmler

Diese überaus große Fischfamilie – es gibt weit mehr als 700 verschiedene Arten – hat ihr Hauptverbreitungsgebiet im tropischen Südamerika. Verschiedene Arten leben aber in Gewässern bis ins nördliche Patagonien und bis über den nördlichen Wendekreis hinaus (Mexiko). Mehrere Spezies gehören zu den weltweit am häufigsten gehaltenen Zierfischen, und manche von ihnen sind auch für Anfänger geeignet.

Bei den Echten Salmlern handelt es sich überwiegend um kleine bis höchstens mittelgroße Fische von etwa 5 bis maximal 25 cm. Die größeren erreichen in normalen Becken allerdings nie die Länge ihrer frei lebenden Verwandten, sondern verharren bei 10 bis 12 cm. Dann zeigen sie jedoch oft nicht das Prachtkleid voll ausgewachsener Tiere. Für unsere im Durchschnitt 80 bis 100 l fassenden Aquarien sind nur die kleineren Spezies geeignet.

Entsprechend ihren Heimatgewässern sollte der pH-Wert im Aquarium leicht sauer bis sauer sein, d. h. zwischen 5,8 und etwa 6,5 liegen. Weiches Wasser, z. B. über Torffilterung, ist wichtig und eine gute Bepflanzung mit eher dunklem Boden ebenfalls. Wurzeln werden ebenso geschätzt wie kleinere Steinaufbauten (keine Kalksteine!) und dicht bewachsene hintere Aquarienecken.

Viele Amerikanische Salmler sind Schwarmfische, die im Artbecken besonders gut zur Geltung kommen, aber in entsprechender Zahl – ab etwa zehn Tieren – auch das größere (80 bis 100 cm lange) Gesellschaftsbecken bereichern. Sie alle lieben klares, sauberes und gut belüftetes Wasser, das durch Strömung (Ausströmersteine oder Diffusor) in Bewegung gehalten wird. Die einfacheren Arten lassen sich problemlos züchten, und bei manchen ist das Angebot an Jungtieren so groß, dass man sie kaum noch los wird.

*Gymnocorymbus ternetzi*

# Trauermantelsalmler

Der Trauermantelsalmler ist ein attraktiver Fisch aus dem mittleren Südamerika, der gut 5 cm lang wird und in den mittleren und höheren Wasserschichten des Aquariums lebt. Er ist ruhig und friedlich, will aber im Schwarm gehalten wer-

den und hat an das Wasser weit weniger Ansprüche als der Neonfisch. Obwohl er ein eher diffuses Licht mag, kann man ihn auch im helleren Becken halten, sofern ihm genügend Deckung in Form dichterer Randvegetation zur Verfügung steht. Seine Zucht bereitet kaum Schwierigkeiten und bringt meist zahlreichen Nachwuchs. Als Allesfresser mag er zwar Lebendfutter, ist zur Not aber auch mit Flocken und tiefgefrorener Nahrung zufrieden. Gleich gehalten und kaum weniger anspruchslos ist der schöne, aber nicht sehr bunte **Kupfersalmler** (*Hasemania nana*) aus dem östlichen Brasilien. Wie viele Arten aus so genannten Schwarzwasserflüssen mag er dunklen Bodengrund und eine gute Bepflanzung des Aquariums, die ihm jedoch genügend Platz zum Schwimmen bieten muss.

# Rautenflecksalmler

Ein weiterer für Anfänger sehr geeigneter Salmler ist der bis 7 cm lang werdende Rautenflecksalmler aus dem mittleren Südamerika zwischen Argentinien und Ostbrasilien. pH-Werte und Wasserhärte spielen für diese Art, die in kleinerer Zahl im Gesellschaftsbecken gehalten werden kann, so gut wie keine Rolle, und bezüglich Wassertemperatur akzeptiert sie alles zwischen knapp 20 °C und fast 30 °C. *H. caudovittatus* ist ein Allesfresser. Zur gleichen Gattung gehört der kleine, nur etwa 4 cm lange **Glühlichtsalmler** (*H. erythrozonus*). Eine oft im Handel angebotene Art ist der **Schlusslichtsalmler** (*H. ocellifer*). Wie bei vielen *Hemigrammus*-Arten handelt es sich bei ihm um einen kleinen Fisch, der kaum größer als 4 cm wird, erst als Schwarmfisch zur Geltung kommt und sich im Gesellschaftsbecken wohl fühlt. Als letzte Art der Gattung sei der etwas empfindlichere **Rotkopfsalmler** (*H. bleheri*) erwähnt. Er wird gut 4 cm lang und ist ein lebhafter, den ganzen Tag umherschwimmender Schwarmfisch, den man nur mit anderen lebhaften Arten vergesellschaften sollte.

# Roter von Rio

Der bekannteste aus der etwa 70 Arten umfassenden Gattung *Hyphessobrycon* ist der Rote von Rio, der seinen Namen dem Umstand verdankt, dass er im Rio-Fluss um Rio de Janeiro in Brasilien lebt. Die ersten Exemplare kamen schon vor nahezu 80 Jahren nach Deutschland und haben sich als überaus leicht zu pflegende und genügsame Pfleglinge gezeigt. Man kann bei dieser Art kaum etwas falsch machen. In leicht saurem und eher weichem Wasser fühlt er sich besonders wohl. Die Temperatur hält man bei etwa 24 °C oder leicht darüber. Auch seine Zucht bietet keine Schwierigkeiten und kann sehr viele Jungtiere bringen – die man dann allerdings kaum los wird. Die meisten Händler nehmen keine Jungfische von privaten Züchtern, weil sie fürchten, Fischkrankheiten einzuschleppen.

Sehr schöne Fische sind die etwa 4 cm langen **Schmucksalmler** (*H. bentosi*), von denen einige Unterarten bekannt sind, die sich vorwiegend in der Farbe ihrer Flossen unterscheiden. Noch kräftiger gefärbt ist der **Blutsalmler** (*H. callistus*), den man bei uns so gut wie ausschließlich aus asiatischen

**INFO**

### Die Haltung

*Der Rote von Rio wird mit einer abwechslungsreichen Auswahl von Lebend- und Trockenfutter ernährt, obwohl er auch mit einem Hauptfutter aus Flocken gehalten werden kann. Alle Arten mögen ein diffuses Licht, das durch den Einsatz von Schwimmpflanzen leicht erzielt wird, dunklen Bodengrund und Beckeninsassen, die nicht zu lebhaft sind.*

Zuchtfarmen erhält und der, wie sein Name sagt, eine dunkelrote Farbe sowie schwarze Rückenflossen und einen schwarzen Fleck hinter den Kiemendeckeln zeigt. Unscheinbarer ist der **Dreibandsalmler** (*H. heterorhabdus*) aus dem mittleren Amazonasgebiet, der durch den schwarzroten, quer durch den Körper bis zur Schwanzwurzel reichenden Längsstrich entfernt an einen Neon erinnert. Er wird selten länger als 4 bis 4,5 cm und wirkt nur im größeren Schwarm (ab etwa 15 Tieren).

*Moenkhausia sanctaefilomenae*

# Rotaugen-Moenkhausia

Dieser Fisch mit dem fast unaussprechlichen Namen ist in sehr vielen Gesellschaftsbecken anzutreffen, denn seine Haltung gibt keinerlei Probleme auf. Er fühlt sich im Schwarm wohl und ist mit leicht saurem bis leicht alkalischem Wasser zufrieden, während die Wasserhärte so gut wie bedeutungslos ist.

Bei einer Gesamtlänge von 7 cm gehört er zu den größeren Salmlern; in kleineren Becken wird er kaum größer als 5 cm.

Die Wassertemperatur sollte nicht unter 22 °C sinken. Als Allesfresser bereitet seine Ernährung keine Schwierigkeiten; mit Flockenfutter, Wasserflöhen, Tubifex und Mückenlarven kann man ihn gesund und munter erhalten.

Auch seine Zucht kann selbst dem fortgeschrittenen Anfänger gelingen, wobei die Paare in kleine Zuchtbecken von 30 bis 40 l Inhalt eingesetzt werden, die man mit Schwimmpflanzen und künstlichem Laichsubstrat (grüner Perlonwatte) ausstattet. Nach dem Ablaichen müssen die Eltern entfernt werden, weil sie sonst innerhalb kurzer Zeit sämtliche Eier aufgefressen haben. Nach rund 48 Stunden (abhängig von der Wassertemperatur) schlüpfen die Jungfische und nehmen nach 24 bis 36 Stunden feinstes Flockenfutter, nach einer Woche auch winziges Lebendfutter zu sich.

# Neonsalmler und Neonfisch

Der kleine (bis zu 4 cm lange) und auffallend gefärbte Neonsalmler ist einer der bekanntesten und am weitesten verbreiteten Zierfische überhaupt. Vor 50 Jahren kamen die ersten Exemplare aus dem östlichen Peru nach Frankreich und traten von dort ihren Siegeszug durch unsere Aquarien an. Im Gegensatz zu anderen Arten, die eine Zeit lang begehrt und in Mode waren, um dann ganz oder teilweise von der Bildfläche zu verschwinden, konnte sich der Neonfisch bis heute unverändert in der Gunst der Aquarianer halten. Von vielen Händlern wird er gleich im Dutzend bzw. zu zehn Exemplaren angeboten. Bei solchen Offerten ist allerdings Vorsicht geboten, denn häufig kommen diese Fische aus industriellen Zuchtbetrieben und erreichen nie das mögliche Alter von drei bis vier Jahren.

Noch schöner, aber bezüglich der Haltung auch etwas anspruchsvoller ist der **Rote Neon** (*P. axelrodi*). Bei ihm erstreckt sich das dunkle Rot über den ganzen Körper, während es beim einfachen Neon auf der Höhe des Afters endet. Neonfische sind ausgeprägte Schwarmfische und sollten nur im Schwarm von mindestens 12 bis

**TIPP** ***Nicht am falschen Ende sparen!***

*Kaufen Sie keine Neons, die kleiner als etwa 2,5 cm sind, sondern zahlen Sie für etwas größere Exemplare lieber etwas mehr.*

15 Tieren gehalten werden. Man hält sie im mittelgroßen bis großen Gesellschaftsbecken oder im etwas kleineren, 60 bis 80 l fassenden Artbecken.

Wichtig sind ein dunkler Bodengrund, eine dichte Bepflanzung mit Schwimmraum im Vordergrund, ein leicht saures und eher weiches Wasser und Temperaturen um 25 °C sowie eine eher gedämpfte Beleuchtung, die man erreicht, wenn das Becken mit Schwimmpflanzen bestückt wird. Man füttert Trocken- und ebenso Lebendfutter. Meist nehmen sie auch gefriergetrocknete Nahrung an, die im Winter ein guter Ersatz für Lebendfutter ist.

# Buntbarsche

Mit rund 1 000 verschiedenen Spezies sind die Buntbarsche oder Cichliden eine der artenreichsten Fischfamilien der Süßwässer. Etwa 200 verschiedene Arten leben in Mittel- und Südamerika, der Rest in Afrika südlich der Sahara und weniger als ein halbes Dutzend auch in Asien (Südindien und Sri Lanka). Bekannt, beliebt und weit verbreitet sind bei uns vor allem die Buntbarsche aus den großen Seen des Ostafrikanischen Grabenbruchs.

Der überwiegende Teil der Buntbarscharten hat eine typische Barschform: eher flach und hochrückig, seltener langgestreckt. Auffallend sind bei fast allen Cichliden die überaus großen, unübersehbaren Rücken-, After- und Schwanzflossen; bei vielen Arten sind auch Bauch- und Brustflossen gut entwickelt. Die meisten sind auffallend gefärbt und gezeichnet – daher der Name Buntbarsch.

Viele Buntbarsche sind bekannt dafür, dass sie sehr aggressiv gegenüber Artgenossen und artfremden Fischen sind. Man kann sie deshalb nicht in Gemeinschaftsbecken halten, sondern lediglich paarweise oder im kleinen Familienverband in Artbecken. Für kleinere Buntbarscharten richtet man ein Aquarium von 80 bis 100 l Inhalt ein. Fast alle Arten, die nicht aus den eingangs erwähnten ostafrikanischen Seen kommen, kann man in Pflanzenbecken halten. Der Bodengrund sollte aus 3 bis 4 mm großem Kies bestehen, das Aquarium mit verschiedenen, nicht kalkhaltigen Steinen dekoriert werden. Auch Moorkienwurzeln, die man im Handel erwirbt oder in größeren Moorgebieten selbst sammelt (und gründlich reinigt!), eignen sich zur Ausstattung eines Beckens. Viele Cichliden sind bezüglich der Wassertemperaturen recht tolerant. Zwischen etwa 24 und 27 bzw. 28 °C fühlen sie sich wohl. Sie stellen auch an die pH-Werte und die Wasserhärte keine besonders hohen Ansprüche.

# Buntbarsche Südamerikas

Die Gattung *Cichlasoma* zählt über 50 Spezies, von denen viele in unseren Aquarien gehalten werden und sich ohne

allzu große Probleme fortpflanzen. Sie sind Offenbrüter, d. h. sie legen Nestmulden an, in die das Weibchen eine große Menge von unscheinbaren, dem Boden gut angepassten Eiern legt, die vom Männchen befruchtet werden. Das Gelege – 400 bis 600 Eier und mehr – wird von beiden Eltern bewacht, gereinigt und durch Flossenwedeln mit Frischwasser versorgt. Während der Brutzeit können viele *Cichlasoma*-Arten anderen Fischen gegenüber sehr aggressiv und bissig werden.

Bei einer Körperlänge von, je nach Art, 15 bis 30 cm, sollte das Becken eine Mindestlänge von 90 bis 100 cm aufweisen. Als Futter bekommen die verschiedenen Spezies all das, was für die Ernährung der Buntbarsche bereits als geeignet erwähnt wurde, also Lebend- und Flockenfutter in jeder Art und Form. Folgende Arten werden mehr oder weniger regelmäßig angeboten und lassen sich in Aquarien entsprechender Größe ohne Probleme halten: der **Zebrabuntbarsch** (*Cichlasoma nigrofasciatum*), der **Salvins Buntbarsch** (*C. salvini*), der **Smaragdbuntbarsch** (*C. crassa*), die **Perlcichlide** (*C. cyanoguttatum*), der **Nicaragua-Buntbarsch** (*C. nicaraguense*) und der **Augenfleck-Buntbarsch** (*C. severum*).

# Buntbarsche Afrikas

Besonders schöne und begehrte Buntbarsche sind die rund ein Dutzend Arten der Gattung *Hemichromis* und hier besonders der **Rote Buntbarsch** (*H. guttatus*). Er lebt in den tropischen Gebieten des waldreichen Westafrikas und gelangte vor rund 90 Jahren erstmals zu uns. Der Fisch wird zwischen 8 und gut 12 cm lang und zeigt eine intensive Rotfärbung. An den Flossen und am ganzen Körper ist er mit weißen oder blau irisierenden Tupfen übersät und weist je nach Art auf den Seiten ein bis zwei fingernagelgroße, dunkle Flecken auf. Die Geschlechter sind für den Laien nicht einfach voneinander zu unterscheiden.

Die meisten *Hemichromis*-Arten wühlen im Boden und gehen auch mit Pflanzen nicht gerade sorgsam um. Bezüglich der Ernährung gilt das im Kapitel über Buntbarsche Gesagte. Als Offenbrüter laicht das Weibchen auf einen flachen Stein ab. Die 200 bis 300 Eier werden von den Eltern anschließend in eine flache Grube transportiert und dort gut bewacht und mit Frischwasser versehen.

# Skalar oder Segelflosser

Noch vor wenigen Jahrzehnten galt der Skalar als nicht gerade einfach zu haltender Fisch, der in Bezug auf Wasserchemie und -temperatur einige Ansprüche stellte. Seine Zucht gelang nur ausnahmsweise und unter recht großem Aufwand.

Heute sieht die Situation völlig anders aus: Die bei uns angebotenen Tiere stammen ausschließlich aus Zuchtanstalten und sind kaum noch empfindlicher als Neon, Keilfleckbarbe oder Roter von Rio. Die Heimat der Wildform sind weite Teile des Amazonas und seiner Nebenflüsse. Schon um 1909 wurden die ersten Tiere nach Europa eingeführt und blieben längere Zeit Raritäten. Männchen und Weibchen lassen sich nur schwer oder gar nicht voneinander unterscheiden.

Skalare lieben hohe, nicht zu tiefe Aquarien mit einer Wassertemperatur, die zwischen etwa 23 und 26 °C liegt. Sie mögen leicht saures und weiches Wasser mit einem pH-Wert um 6,5 und einer dH von höchstens 5°. Das Becken sollte kaum Strömung aufweisen, viel freien Schwimmraum bieten und lediglich an den Seiten und der Rückwand bepflanzt sein. Kauft man die Segelflosser als Jungtiere, 3 bis 4 cm lang, dann gewöhnen sie sich gut aneinander und leben im Schwarm zusammen. Im

Gegensatz zu vielen anderen Cichliden wühlen sie nicht den Boden auf und machen sich auch nicht über Wasserpflanzen her. Man kann sie sowohl im Art- wie im Gesellschaftsbecken halten. Ist Letzteres sehr groß – über 400 l – dann entwickeln sich die Skalare zu prächtigen Exemplaren, die kleineren Arten gefährlich werden können. Sie sind nämlich Raubfische, die kleine Neons und andere Salmler erbeuten. Man ernährt sie mit Lebendfutter, gefriergetrockneter und tiefgefrorener Nahrung und Flocken, die von domestizierten Tieren problemlos angenommen werden.

# Diskusfisch

Der Diskusfisch wird von den Aquarianern als „König der Süßwasserfische" bezeichnet. Je nach Art und Unterart erreicht der Diskusfisch eine Länge von 8 bis 25 cm bei fast gleicher Höhe. Der Körper ist scheibenförmig (Diskus!). Sein

Durchmesser beträgt lediglich 1 bis 2 cm! Bei den für diesen Fisch normalen Beckengrößen – 200 bis 300 l – erreichen die Tiere oft nicht die Länge der Wildformen.

Diskusfische sind keine Anfängerfische! Der Interessent sollte bereits Erfahrungen in der Haltung und Pflege von weniger anspruchsvollen Aquarienfischen gesammelt haben, bevor er sich zum Kauf von Diskussen entschließt. Auch die am häufigsten gezüchteten Rassen, die im Übrigen vorwiegend aus südostasiatischen Fischzuchten zu uns kommen, sind nicht billig. Ihr Preis richtet sich zum einen nach der Größe, zum anderen nach ihrer Seltenheit.

Die Länge des Beckens sollte für zehn Tiere, die ausgewachsen immerhin an die 20 cm lang und hoch werden können, mindestens 100 cm, die Höhe und Tiefe zwischen 50 und 60 cm betragen – was einem Inhalt von 250 bis 360 l entspricht. Es wird mit weichem Bodengrund (kein grober

Kies) nicht allzu dicht bepflanzt; man achte darauf, dass etwa 50 % des Inhalts freier Schwimmraum bleiben. Mit einigen Wurzeln und Steinen – kein Kalk! – kann das Biotop zusätzlich gestaltet werden. Den Fischen stehen dadurch auch Versteck- und Rückzugsmöglichkeiten offen.

Zu den entscheidenden Haltungskriterien gehören Qualität und Zusammensetzung des Wassers. Es sollte leicht sauer – um 6,5 pH – und weich – 2 bis 3 °dH – sein. Alle zwei bis drei Wochen werden 20 bis 25 % des Altwassers gegen Frischwasser ausgetauscht, wobei mit geeigneten Maßnahmen darauf geachtet wird, dass es in der Zusammensetzung den oben genannten Werten nahe kommt. Besondere Aufmerksamkeit muss auch der Fütterung geschenkt werden. Diskusse sind Raubfische und ernähren sich in Freiheit ausschließlich von Lebendnahrung. Man kann sie im Aquarium mit Mückenlarven, Wasserflöhen und auch Salinonkrebschen füttern. Verschiedene Futtermittelhersteller bieten für die Fische ein universales Trockenfutter an.

# Weitere Buntbarsche

Die bekanntesten und am häufigsten gepflegten Buntbarsche kommen aus den beiden ostafrikanischen Seen Lake Malawi und Lake Tanganjika. In beiden Seen leben mehr als 200 verschiedene Cichlidenarten, die zum großen Teil endemisch sind, also nirgendwo sonst vorkommen. Die Einzigartigkeit der Buntbarsche in den beiden Seen zeigt sich daran, dass

sie den weitaus größten Teil der gesamten Fischfauna stellen: Im Tanganjikasee gehören über 70 % aller Arten zu den Cichliden, im Malawisee sogar 90 %!

Die beiden Gewässer haben hartes Wasser – in den Tropen selten –, pH-Werte von 8 bis 8,5 (alkalisch) und in den Küstenzonen Temperaturen zwischen 25 und 27 °C. Cichliden stammen von meeresbewohnenden Vorfahren ab und sind deshalb noch immer salztolerant, was ihnen ermöglicht, in mehr oder weniger salzhaltigem Wasser zu leben. Das Wasser muss sauerstoffreich sein und häufig gewechselt werden (25 bis 30 % des Beckeninhalts pro Woche austauschen). Wichtig ist zudem eine starke Filterung, da Buntbarsche große Esser sind und entsprechend viel Kot absetzen.

In ihren Heimatseen leben die Buntbarsche überwiegend im flachen Küstenbereich, im so genannten Fels- oder Sandlitoral, in dem eine Vegetation weitgehend fehlt. Eine Reihe von Arten lebt in tieferen Regionen bis etwa 120 m und eine weitere Gruppe im Oberflächenwasser des offenen Sees. Für den Aquarianer kommen in erster Linie die Arten des Fels- und Sandlitorals in Betracht. Sie werden in größeren Becken, ab etwa 150 bis 200 l Inhalt, gehalten. Die Dekoration besteht vor allem aus einer dominierenden Stein- oder Felskulisse mit vielen Löchern und Spalten. Der Grund sollte aus gröberem Sand oder großkörnigem Kies sein, und als Bepflanzung kommen nur robuste, harte Arten aus den Gattungen *Vallisnera* und *Cryptocoryne*, aber auch von *Crinum* und *Anubias* in Frage, die man am besten an den Rändern des Beckens pflanzt.

Bei uns werden besonders häufig Arten aus der *Melanochromis*-Gruppe angeboten und gepflegt, die ausschließlich im Malawisee vorkommen, darunter der längs gestreifte **Türkisgoldbarsch** (*M. auratus*), der **Kobaltorangebarsch** (*M. johanni*) und der *M. melanopterus*. Zwei besonders schöne Arten sind der ebenfalls aus dem Malawisee stammende, imposante **Kaiserbuntbarsch** (*Aulonocara nyassae*) und der prächtige **Feenbuntbarsch** (*A. jacobfreibergi*).

Endemische Arten aus dem Tanganjikasee sind Vertreter der Gattung *Neolamprologus* (die früher fast alle unter der Bezeichnung *Lamprologus* geführt wurden). Diese Gruppe zählt an die 35 Spezies, von denen viele in Aquarien gepflegt und gezüchtet werden. Zu ihnen gehören der zarte **Feenbarsch** (*N. brichardi*) und verschiedene Spezies der **Schneckenbarsche** (*N. sp.*), die für ihr Brutgeschäft leere Schneckenhäuser benötigen, in die sie ablaichen. Wenn die Jungen geschlüpft sind, bleiben sie noch eine Zeit lang im Schneckenhaus oder kehren bei Gefahr dorthin zurück.

Die Cichliden des Malawisees sind ausschließlich Maulbrüter, d. h. die Eier reifen im Maul des Weibchens (seltener auch des Männchens), und die Jungen verbringen die ersten zwei, drei Tage in der Sicherheit der großen Maultaschen. Die Buntbarsche des Tanganjikasees hingegen sind entweder Höhlen- oder Maulbrüter. Der Tanganjikasee ist rund sechs Millionen, der Malawisee dagegen nur eine Million Jahre alt. Aus diesem Grund haben sich in ersterem mehr Verhaltensformen und spezialisierte Arten herausgebildet.

Alle in unseren Becken gepflegten Cichliden sind jedoch überaus interessante und für den Aquarianer lohnende Fische, die man vor allem auch dem fortgeschrittenen Anfänger empfehlen kann.

# Schmerlen

Eine interessante Fischfamilie ist die der Schmerlen oder Dorngrundeln, die an die 200 verschiedene Arten zählt – also vergleichsweise klein ist. Schmerlen werden maximal 30 cm groß; die in unseren Becken gehaltenen Arten erreichen

selten mehr als 5 bis 10 cm. Man hält sie in nicht zu hellen, versteckreichen Aquarien, wenn möglich in kleinen Gruppen. Man stattet das Becken mit Kokosschalen und kleinen Blumentöpfen aus, in denen sie tagsüber schlafen, um erst in der Dämmerung oder der Nacht aktiv zu werden und den Aquarienboden nach Futter abzusuchen bzw. ausgiebig zu gründeln. Bezüglich der Wasserchemie sind sie recht tolerant, scheinen aber leicht saures, eher weiches Wasser vorzuziehen. Schmerlen sind recht wärmebedürftig; die Wassertemperatur sollte nicht unter 24 oder 25 °C absinken. Eine gute Sauerstoffversorgung ist notwendig.

Die meisten Schmerlen haben einen lang gestreckten, fast aalähnlichen Körper, einige wenige Arten erinnern an Welse, obwohl sie mit diesen nicht näher verwandt sind. Zwar gibt es viele allesfressende Arten, doch ziehen die meisten Lebendfutter der gemischten oder pflanzlichen Flockennahrung vor. Eine der schönsten Schmerlen ist die **Zwergschmerle** (*Botia sidthimunki*). Sie wird lediglich 4 bis 4,5 cm groß und sollte im Schwarm gehalten werden, wo ihr lebhaftes und überwiegend tagaktives Verhalten gut zur Geltung kommt.

Drei bis vier Mal größer, nämlich bis zu 15 cm lang, wird die in vielen Becken gepflegte **Prachtschmerle** (*B. macracanthus*), die ihrem Namen alle Ehre macht. Wie die vorhergehende Art hält man sie im kleinen Schwarm; sie ist friedlich und verträgt sich sowohl mit arteigenen wie artfremden Fischen. Da sie überwiegend am Tag und in den Dämmerungsstunden aktiv ist, bekommt man sie öfter zu sehen als beispielsweise andere *Botia*-Arten.

Ab und zu findet man auch Schmerlen der Gattung *Pangio*, z. B. das **Gefleckte Dornauge** (*P. kuhlii*) oder das **Halbgebänderte Dornauge** (*P. semicinctus*). Beides sind einzelgängerisch lebende Arten, die nachts unterwegs sind.

# Karpfenfische

Die mit Ausnahme von Mittel- und Südamerika sowie Ozeanien weltweit verbreitete Familie der Weißfische oder Karpfen zählt über 1 500 verschiedene Arten, die in beinahe 300 Gattungen und fünf Unterfamilien aufgeteilt wird. Den Aquarianer interessieren für sein Warmbecken lediglich zwei Unterfamilien: die **Bärblinge** (*Rasborinae*) und die **Kärpflinge** (*Cyprininae*).

Zu diesen beiden Gruppen gehört ein gutes Dutzend der beliebtesten und pflegeleichtesten Aquarienfische, die heute millionenfach verbreitet sind und die wir auf den nachfolgenden Seiten mehr oder weniger ausführlich behandeln werden. Es handelt sich bei den empfehlenswerten Arten überwiegend um kleine, 5 bis 10 cm lange Tiere, die zudem im Aquarium oft unter diesen Werten bleiben. Viele sind Schwarmfische, die erst in größerer Zahl richtig zur Geltung kommen und ihr artgemäßes Verhalten zeigen. Man hält sie je nach Größe und Anzahl in Aquarien mit einer Mindestlänge von 50 bis 60 cm und einer dichten Bepflanzung, die aber trotzdem im vorderen mittleren Teil des Beckens Schwimmraum freilässt. Bärblinge und Kärpflinge halten sich überwiegend in den mittleren und oberen Wasserschichten auf. Viele von ihnen springen vorzüglich, und man muss das Becken gut abdecken, damit keine Verluste eintreten. An die Wasserwerte stellen sie geringe bis mittlere Ansprüche, fühlen sich in leicht saurem, nicht zu hartem Wasser wohl. Je nach ihrer Herkunft sollte die Wassertemperatur zwischen gut 20 und 26 bis 28 °C liegen. Nachfolgend einige Arten, die ohne großen pflegerischen Aufwand in einem Gesellschaftsbecken gehalten werden können.

# Sumatrabarbe

Diese in Freiheit bis zu 8 cm lange, im Aquarium aber selten mehr als 5 bis 6 cm messende Barbe aus Sumatra und weiten Gebieten Südostasiens ist ein beliebter Anfängerfisch, der allerdings weniger im Gesellschafts- denn im Artbecken

gehalten wird – und zwar, weil er viel Unruhe ins Aquarium bringt, sehr lebhaft ist und andere, ruhigere Arten stört. Man hält diese Barbe im Schwarm und bietet ihr ein 70 bis 80 cm langes Becken mit viel Schwimmraum, in dem sie sich frei entfalten kann.

Sie wird seit gut 50 Jahren bei uns gehalten und gezüchtet. Deshalb gibt es von ihr eine ganze Anzahl verschiedener Farbmutationen, die sich mehr oder weniger großer Beliebtheit erfreuen. Wie viele robuste Barben, stellt sie keine großen Ansprüche an das Wasser, sofern es nur warm genug ist, nämlich 23 bis 25 °C. Weitere Spezies der Gattung *Barbus*, die sich ähnlich wie die Sumatrabarbe halten und pflegen lassen, sind z. B. die **Messingbarbe** (*B. semifasciolatus*) aus dem südöstlichen China, die **Zweifleckbarbe** (*B. ticto*) aus Indien und Sri Lanka sowie die sehr attraktiv gefärbte und gezeichnete **Purpurkopfbarbe** (*B. nigrofasciatus*) aus Sri Lanka. Was in Bezug auf Wasser, Haltung und Fütterung für die Sumatrabarbe gesagt wurde, gilt auch für die drei letztgenannten Arten.

# Zebrabärbling

Dieser nur 4 bis 4,5 cm lange, auffallend schlanke und hübsche Fisch aus dem östlichen Teil Indiens fühlt sich im 10- bis 15-köpfigen Schwarm besonders wohl. Er ist zusammen mit seinen Artgenossen den ganzen Tag lebhaft und schwimmt von einem Beckenende zum anderen. Sie vertragen sich mit artfremden Mitbewohnern ohne Probleme, machen sich, sofern man sie in genügend großer Zahl hält, aber auch im Artbecken sehr schön. Auch ihre Ernährung bietet keine Probleme. Als Allesfresser ernähren sie sich sowohl von Flocken- und Tablettenfutter als auch von Trocken- und tiefgefrorener Nahrung und besonders gern von Lebendfutter.

*Danio aequipinnatus*

# Malababärbling

Etwas weniger häufig angeboten, aber ebenso leicht zu halten, ist der bis 10 cm lange Malabarbärbling aus dem westlichen Indien und Sri Lanka. Man sollte ihn ebenfalls im Schwarm pflegen und mindestens sechs bis sieben Tiere zusammenstellen, die in einem Gesellschaftsbecken von mindestens 80 cm zu halten sind. Aufgrund ihrer Lebhaftigkeit benötigen sie einen größeren Schwimmraum. Die bevorzugte Wassertemperatur liegt etwa zwischen 22 und 24 °C. Ihre Futteransprüche gleichen denen des Zebrabärblings, und bei abwechslungsreicher Fütterung halten sie es lange Jahre im Becken aus.

# Feuerschwanz-Fransenlipper

Lange Zeit wurde dieser Karpfenfisch als *Labeo* bezeichnet und war unter seinem deutschen Namen unbekannt. Im Zuge einer Änderung der Systematik wurden er und einige andere Fische der Gattung *Labeo* in die Gattung *Epalzeorhynchus* eingeordnet. Bei Haltern und im Handel findet man ihn aber noch immer unter dem Namen *Labeo*. Der schöne, in vielen Aquarien gehaltene Fransenlipper kommt wie der nah verwandte **Grüne Fransenlipper** (*E. frenatus*) aus Thailand, wird 10 bis 12 cm lang und ist ein Einzelgänger, den man nur in großen Becken mit Artgenossen halten kann. Anderenfalls bekämpfen sich die Tiere aggressiv und schaffen viel Unruhe. Sie halten sich vorwiegend auf dem Boden auf und verstecken sich oft hinter Wurzeln und Steinen. Mit Flockenfutter, frischem, überbrühtem Salat und Lebendfutter aller Art lassen sie sich recht gut halten.

# Keilfleckbärbling

Einen Großteil aller Arten der Gattung *Rasbora* bilden unscheinbare, farblich wenig auffallende Fische aus den tropischen Gebieten zwischen Indien, Sri Lanka und Südostasien bis ins subtropische Südchina. Zu den schönsten und in unseren Aquarien oft gehaltenen Spezies zählt die Keilfleckbarbe, die bei uns ausschließlich aus asiatischen Zuchtanstalten angeboten wird. Bei einer Länge von 4 bis 4,5 cm lässt sie sich auch in kleineren Becken – 50 bis 60 cm lang – pflegen. Allerdings muss sie, um sich wohl zu fühlen, im Schwarm gehalten werden und ist dann ein lebhafter Bewohner der mittleren Wasserschichten. Sie liebt weder eine zu grelle Beleuchtung noch hellen Bodengrund. Feine Schwimmpflanzen dämpfen das Deckenlicht, und ein brauner oder dunkelgrauer Kies sagt ihr besonders zu. Die Bepflanzung des Beckens sollte sich auf die hintere Wand und die Seitenwände beschränken und viel Schwimmraum lassen, der in seiner vollen Länge ausgenutzt wird. Bietet man ihnen leicht saures bis saures (pH-Wert um 6) und weiches (nicht über 8 °dH) Wasser bei Temperaturen um 25 °C, sind Keilfleckbärblinge nicht schwierig zu halten. Ihre Zucht ist jedoch für den Anfänger auch nicht ganz einfach. Sie erhalten das Gleiche Futter wie Zebra- und Malabarbärblinge.

# Eierlegende Zahnkarpfen

Die Eierlegenden Zahnkarpfen kennt man bei uns auch unter der englischen Bezeichnung **Killies** oder **Killifische**. Die überaus große Familie – man kennt etwa 500 verschiedene Arten – verfügt über einige der schönsten Zierfische in

ihren Reihen, obwohl der überwiegende Teil aller Arten kaum größer als 5 bis 6 cm wird. Da es sich aber bei fast allen Killies nicht um ausgesprochene Anfängerfische handelt – ja manche sogar nur von Kennern gepflegt werden sollten –, wird ihnen nicht soviel Platz eingeräumt, wie es ihrer Artenzahl entsprechen könnte. Aber es gibt doch eine ganze Anzahl Fische für solche Aquarianer, die bereits besser mit der Fischhaltung vertraut sind. Zu diesen Fischen zählen mehrere Arten des **Prachtkärpflings** (z. B. *Aphyosemion sp.*), von denen der überwiegende Teil in Westafrika, einige wenige auch im zentralen Afrika in Zaire vorkommen. Sie leben in den flachen Gewässern der Savannenlandschaften, die in der Trockenzeit oft völlig verschwinden. Die Alttiere sterben dann, während die Embryos in den Eiern im feuchten Schlamm überleben und im Verlauf der Regenzeit schlüpfen. Ihr Leben dauert meistens gerade bis zur nächsten Trockenzeit.

Killifische eignen sich nur bedingt für Gesellschaftsbecken. In Artbecken kommen sie, sofern man sie in kleinen Gruppen hält, besser zur Geltung. Für die kleineren Spezies sollte die Aquarienlänge bei 50 bis 60 cm liegen, bei den größeren, 8 bis 10 cm langen bei etwa 70 cm. Hinsichtlich der Wasserwerte stellen Eierlegende Zahnkarpfen wenig Ansprüche, fühlen sich aber in leicht saurem Wasser und bei einer Gesamthärte zwischen etwa 5 bis 10 am wohlsten. Die empfehlenswerten Wassertemperaturen bewegen sich im Bereich von 22 bis 25 oder 26 °C. Ein regelmäßiger Teilwasserwechsel hat sich bei den meisten Killifischen sehr bewährt.

# Lebendgebärende Zahnkarpfen

Die Heimat der Lebendgebärenden Zahnkarpfen ist die Neue Welt, von den östlichen und nordöstlichen USA über Mexiko, Mittelamerika bis nach Uruguay in Südamerika. Viele Arten wurden aber im Laufe der Zeit in vielen Teilen der Alten Welt eingeführt und teilweise zur Moskitobekämpfung eingesetzt (wie unter den Kaltwasserfischen auch *Gambusia affinis*).

Aus der Familie *Poeciliidae* stammen einige der am weitesten verbreiteten Zierfische, mit denen der Anfänger beginnen und Erfahrungen sammeln sollte: Guppy, Schwertträger, Platy und Molly. Ihre Zucht läuft sozusagen von selbst und ohne Zutun des Aquarianers, der morgens vor dem Becken oft feststellt, dass seine Fische erneut Junge geboren haben. Haltung und Züchtung der Lebendgebärenden Zahnkarpfen wurden bereits im Kapitel „Das Gesellschaftsaquarium" besprochen. An dieser Stelle folgen daher nur einige allgemeine Erläuterungen der „pflegeleichtesten" Arten.

# Guppy oder Millionenfisch

Dieser kleine Zahnkarpfen aus dem nördlichen Südamerika ist wohl der bekannteste von allen Warmwasser-Zierfischen. Das Männchen wird lediglich 3 cm lang, das Weibchen bis zu 6 cm. Ersteres zeigt an Körper und Flossen sämtliche Regenbogenfarben und wird heute in so vielen Mutationen angeboten, dass selbst Kenner den Überblick verloren haben. Die meisten Farbvarianten werden heute in Südostasien gezüchtet und kommen in riesigen Mengen nach Europa (wo sie oft als Futterfische für größere Arten, aber auch für andere Tiere verwendet werden).

**TIPP**

***Guppys im Gesellschaftsaquarium***

*Man kann Guppys sowohl im Gesellschaftsbecken als auch im Artbecken halten. In ersterem sollten aber Arten fehlen, die die mächtigen Rücken- und Schwanzflossen der Guppymännchen anknabbern könnten (z. B. Kampffische).*

Guppys lassen sich bei Wassertemperaturen zwischen etwa 18 und knapp 30 °C problemlos halten. Sie mögen eher alkalisches Wasser mit pH-Werten um 8, während die Gesamthärte zwischen etwa 10 und über 2 °dH liegen kann. Hochgezüchtete Varianten sind bezüglich der Wasserqualität allerdings empfindlicher, und es empfiehlt sich, erst einmal mit einem robusten Stamm zu beginnen, den man von einem erfahrenen Züchter kauft. Die Beckengröße sollte mindestens 40 x 30 x 30 cm betragen. Guppys lieben stark bewachsene Aquarien, die im vorderen Teil einen gewissen Schwimmraum freilassen. Geschätzt wird auch eine Decke aus Schwimmpflanzen, etwa Salvinia, wobei darauf zu achten ist, dass genügend Licht von oben ins Aquarium fällt. Sie werden mit kleinem Lebendfutter und mit verschiedenen Flocken ernährt.

*Poecilia spenops*

# Molly

Ein weiterer überaus leicht zu haltender Lebendgebärender Zahnkarpfen ist der Molly oder Spitzmaulkärpfling. Sein Verbreitungsgebiet erstreckt sich über das südliche Texas und Mexiko bis nach Zentralamerika, wo er meernahe Flussmündungen und die brackigen Küstenzonen bewohnt. Er mag leicht salziges Wasser – etwa 1 Teelöffel Kochsalz pro 8 bis 10 l Wasser –, das anderen Arten allerdings weniger behagt. Härtet man das Wasser deshalb mit Salz auf, sollte man den Molly im Artbecken halten.

Auch vom Spitzmaulkärpfling wurde eine kleinere Anzahl von Farbmutationen herausgezüchtet. Durchgesetzt haben sich aber nur zwei: der **Black Molly**, eine kohlschwarze Form, und der **Rote Molly**, seltener ist der **Gescheckte Molly**.

Wildmollys kann man bereits bei Temperaturen um 18 bis 19 °C, also bei Zimmerwärme, halten, die Zuchtformen sind bedeutend empfindlicher und fühlen sich erst ab etwa 22 °C wirklich wohl.

Im Gegensatz zu den bisher genannten Lebendgebärenden sind sie überwiegend Pflanzenfresser, die im Becken gern Algen abweiden und die man ansonsten mit Pflanzenflocken, Universalflocken (Hauptfutter) und hin und wieder vegetarischen Futtertabletten füttert.

# Schwertträger

Die Wildform des Schwertträgers lebt in Südmexiko und Guatemala und ist dort in vier Unterarten weit verbreitet. Bezüglich der Wasserqualität entsprechen die Bedürfnisse des Schwertträgers jenen der Guppys, und das Gleiche gilt für die Bepflanzung des Beckens. Er ist ein überwiegend friedlicher Gesellschaftsfisch, der andere, auch kleinere, Arten in Ruhe lässt. Dort, wo mehrere erwachsene Männchen um die Gunst von Weibchen ringen, kann es allerdings zu Streitereien kommen, bei denen schlussendlich ein einziges Männchen alle anderen dominiert. Die Weibchen bringen bei einem normalen Geburtszyklus von fünf bis sechs Wochen jeweils einige wenige bis zu 100 (das hängt von der Größe des Weibchens ab) lebende, voll entwickelte Jungfische zur Welt. Schwertträger werden grundsätzlich wie Guppys ernährt.

# Platy

Nah verwandt mit dem Schwertträger ist der aus Mexiko und Guatemala stammende Platy – die beiden gehören zur selben Gattung. Er erreicht in etwa die Masse des Schwertträgers. Im Handel sind ebenso zahlreiche Farbmutationen erhältlich wie von seinem Verwandten. Fast durchweg herrschen aber dunkelrote, orange und gelbe Töne vor. Oft zeigen die Fische schwarze Körperflecken oder -zeichnungen und schwarze Flossen. Sie sind die ideale Besetzung für ein problemloses Gesellschaftsbecken und weniger aggressiv als männliche Schwertträger. Die beiden Arten *X. helleri* und *X. maculatus* lassen sich leicht miteinander kreuzen – wie auch mit anderen *X.*-Spezies.

Alle bei den Guppys und Schwertträgern erwähnten Daten über die Einrichtung des Beckens, die Wassertemperatur und -zusammensetzung sowie das Futter gelten auch für Platys. Die Jungen sind vier Monate nach der Geburt bereits fortpflanzungsfähig, und die Zucht selbst ist kein Problem. Der Vollständigkeit halber soll auch der **Papageienplaty** (*X. variatus*) erwähnt werden, von dem es zahlreiche Formen gibt, wie den Gelben Platy, den Gelbroten und den Blauen Platy. Die Haltungs- und Zuchtbedingungen entsprechen jenen des gewöhnlichen Platy.

# Welsartige

Die Ordnung der Welsartigen ist außerordentlich artenreich. In etwa 32 Familien werden weit über 2 000 verschiedene Spezies gezählt. Die Verbreitung der Welse umfasst mit Ausnahme von Australien, Neuguinea und Neuseeland sämtliche Kontinente. Im Norden trifft man sie fast bis zum Polarkreis, in Südamerika bis nahezu ins nördliche Patagonien. Für die Aquarianer sind hauptsächlich die kleinen Formen aus dem Tropengürtel Mittel- und Südamerikas, Afrikas und Asiens interessant. Obwohl die Ordnung der Welsartigen ungewöhnlich artenreich ist, findet man bezüglich ihrer Lebens- und Verhaltensweisen viele Gemeinsamkeiten. So halten sich fast alle Welse auf dem Boden oder zumindest in der unmittelbaren Bodenregion auf. Bei der Mehrzahl aller Spezies handelt es sich um friedliche Arten, und viele von ihnen sind, anders als die meisten Zierfische, nachtaktiv. Das muss vor allem bei der Fütterung, aber auch bei der Temperaturregelung des Wassers berücksichtigt werden. Nachtaktive Welse erhalten ihre Nahrung erst am Abend, und wer die Wassertemperatur nachts um einige Grad Celsius absenkt (z. B. mittels einer Schaltuhr), sollte keine nachtaktiven Welse halten und pflegen.

Viele Welse sind Pflanzenfresser und räumen in unseren Becken mehr oder weniger gründlich mit dem Algenbesatz auf. Meist werden sie auch gehalten, um verrottende Pflanzen und zu Boden gesunkenes Fischfutter zu beseitigen. Welsen, die Lebendfutter benötigen, gibt man am besten eines, das zu

Boden sinkt – also verschiedene Würmer (Tubifex, Grindal, Enchyträen), aber auch Mückenlarven. Allesfresser erhalten abwechselnd Tabletten, Flocken, Lebend- und Tiefkühlfutter. Bezüglich der Wasserqualität und -chemie stellen Welse selten höhere Ansprüche, ja manche von ihnen leben in der Natur in sehr sauerstoffarmen, trüben und brackigen Gewässern. Die am häufigsten bei uns angebotenen Arten aus den Familien der Schwielen- und der Harnischwelse sind überaus dankbare Pfleglinge, die jedes Aquarium bereichern.

# Panzerwelse

Die bekannteste Gattung aus der Familie der Welse ist die der *Corydoras* oder **Panzerwelse**. Bisher sind in den südamerikanischen Flüssen rund 200 verschiedene Arten entdeckt worden. Etwa 50 von ihnen haben ihren Weg nach Europa gefunden, und ein Dutzend wird regelmäßig gezüchtet und in den Liebhaberbecken gehalten.

Eine davon ist der **Metall-Panzerwels** (*C. aeneus*). Er wird circa 6 bis 7 cm lang und glänzt metallisch. Man kann in einem großen Becken zwei bis drei Männchen und bis zu fünf Weibchen halten. Sie benötigen, wie die meisten Panzerwelse, viel Lebendfutter, nehmen aber auch Trockenfutter. Ähnliches gilt für den **Gefleckten** oder **Marmorierten Panzerwels** (*C. paleatus*). Auch er wird lediglich 5 bis 6 cm lang. Wie die meisten Panzerwelse schätzt auch diese Art das Angebot verschiedener Verstecke wie kleine Blumentöpfe, halbierte Kokosnüsse und daumengroße Höhlen und Spalten in Steinaufbauten oder Felsen. Um das direkte Deckenlicht zu dämpfen, empfiehlt es sich, einige an der Oberfläche schwimmende Pflanzen anzusiedeln – sofern das die anderen Beckeninsassen auch mögen.

Ein besonders schön gezeichneter *Corydoras* ist der **Dreilinien-Leopard-Panzerwels** (*C. trilineatus*). Er erreicht eine Länge von nur 5 cm und sollte in Gesellschaft von mindestens fünf oder sechs Artgenossen gehalten werden. Mit diesen wie mit artfremden Beckenbewohnern verträgt er sich vorzüglich und schätzt ein dicht bepflanztes Becken.

Wer einen besonders kleinen Wels pflegen möchte, entscheidet sich für den **Zwerg-Panzerwels** (*C. pygmaeus*), der gerade so lang wird wie das vorderste Glied eines Daumens! Im Gegensatz zu den meisten anderen Panzerwelsen, die Bodenbewohner sind, hält er sich in den mittleren und oberen Wasserschichten auf.

# Harnischwelse

Die zweite Großfamilie der Welsartigen ist die der Harnischwelse. Sie zählt wahrscheinlich mehr als 500 verschiedene Arten, wobei allerdings nur wenige in unsere Aquarien gelangen. Unter den Harnischwelsen gibt es eine ganze Anzahl Spezies, die sich zwar in gut eingerichteten Becken durchaus halten lassen, die aber an Unterbringung und Pflege höhere Ansprüche stellen als die meisten Panzerwelse. Wir wollen uns deshalb auf einige Arten beschränken, die auch der Anfänger problemlos in einem Becken von 60 bis 80 cm halten kann. Interessanterweise ist die Zucht vieler leicht zu haltender Harnischwelse bis heute nicht oder nur ausnahmsweise gelungen. Das deutet darauf hin, dass man über gewisse Voraussetzungen (Futter, Strömung) nicht Bescheid weiß – ein Anreiz für erfahrene Aquarianer.

Eine attraktive und nicht schwierig zu pflegende Art ist der **Punktierte Schilderwels** (*Hypostomus punctatus*). Er wird draußen in der Natur bis zu 30 cm, im Aquarium dagegen selten mehr als 15 bis 18 cm lang. Als guter Algenvertilger wird er in jedem Becken geschätzt, benötigt jedoch viel Raum (Aquarienlänge nicht unter 100 bis 120 cm). Außer von Algen ernährt er sich von vielerlei Grünzeug, das man mit heißem Wasser übergießt und dann klein geschnitten verfüttert. Auch pflanzliche Flocken und Futtertabletten verzehrt er mit Genuss.

Sehr viel kleiner, nämlich gerade einmal 4 cm lang wird *Otocinclus affinis*. Von den fast 30 Arten dieser Gattung scheint er die am häufigsten in Aquarien gepflegte Spezies zu sein. Er stellt an die Wasserzusammensetzung wenig Ansprüche, lebt in freier Natur aber in leicht saurem, eher weichem Wasser. Alle *Otocinclus*-Arten haben sich als ausgesprochen tüchtige Algenvertilger bewährt. Man ernährt sie zusätzlich mit pflanzlichen Futterflocken, Futtertabletten und Salat.

# Fiederbartwelse

Alle bisher beschriebenen Arten haben ihre Heimat in Südamerika. Aber auch in Afrika südlich der Sahara und entlang des Nils bis ins Delta leben Welse. Rund 150 Arten werden zur Familie der Fiederbartwelse gezählt, und einige davon trifft man in unseren Aquarien an. Es sind nachtaktive Tiere, was ihren Schauwert bei vielen Aquarianern mindert. Das ist schade, denn es handelt sich bei ihnen vielfach um ebenso interessante wie schöne Arten.

Eine davon ist der **Rückenschwimmende Kongowels** (*Synodontis nigriventris*). Wie der Name sagt, kommt er aus dem Kongo-Fluss und sucht besonders gern die Unterseiten der Pflanzen und Wurzeln nach Lebendfutter ab. Man ernährt ihn mit Mückenlarven, die er, auf dem Rücken schwimmend, von der Wasseroberfläche fängt. Bei einer Wassertemperatur von 22 bis 25 °C, dichter Bepflanzung und nicht zu hellem Bodenkies fühlt er sich wohl und wird recht alt. Eine der wenigen Arten dieser Familie, die sich häufig auch tagsüber zeigt, ist der **Gelbbinden-Fiederbartwels**

(*S. flavitaeniatus*), dessen Heimat ebenfalls der Kongo-Fluss ist. Er wird im Becken 10 bis 12 cm groß (in Freiheit bis zu 20 cm) und kann gut im Gesellschaftsbecken gehalten werden, wenn dieses mindestens 130 bis 150 l fasst. Leider wird diese Art bei uns selten angeboten, obwohl sie in Haltung und Pflege keinerlei Probleme bereitet.

# Die Kaltwasserfische

Wenn in Aquarien- und Liebhaberkreisen von Zierfischen gesprochen wird, dann handelt es sich nahezu ausschließlich um Arten aus dem Tropengürtel. Rund fünf Dutzend verschiedene Spezies bilden sozusagen den harten Kern der Warmwasser-Aquarienfische. Es gibt aber auch Leute, die sich den einheimischen Fischen oder anderen Arten aus kühleren Gewässern zuwenden möchten. Weil es in dieser Beziehung meist nur spärliche Informationen gibt, holt man sich das technische Rüstzeug und das fachliche Wissen am besten nicht nur aus Büchern, sondern bei einer professionellen Fischzuchtanstalt. Man wird dann allerdings feststellen, dass dort keine Fische in Aquarien gehalten werden, sondern in großen Teichen und mächtigen Zuchtbecken.

Wer an einigen nicht allzu anspruchsvollen Kaltwasserfischen interessiert ist und seine Wahl nicht in erster Linie vom Aussehen der Arten abhängig macht, der wird nachstehend einige Anregungen, Tipps und Hinweise finden.

***INFO***

**Die Suche nach Kaltwasserfischen**

*Wenn Sie nach Literatur über Kaltwasserfische suchen und nach Händlern, die diese anbieten, stellen Sie mit Erstaunen fest, dass der Markt nicht allzu viel hergibt. Am ehesten finden Sie Informationen über die Haltung, Pflege und Zucht von einheimischen Edelfischen wie Forelle, Äsche, Felche, Hecht und Zander. Aber gerade diese Arten stellen recht hohe Ansprüche an die Wasserqualität und die Sauerstoffzufuhr, sodass man sie Anfängern nicht guten Gewissens empfehlen kann.*

# Das Kaltwasseraquarium

Es unterscheidet sich weder in der Machart (Vollglas, Nurglas oder Rahmen) noch in der Größe von einem Warmwasseraquarium. Auch die technische Ausstattung ist im Großen und Ganzen dieselbe – mit einer Ausnahme: Man benötigt keine Heizung. Es sei denn, man hat einen „Fischkeller", einen Bastelraum etwa, der sich im Winter nicht oder nur ungenügend heizen lässt. Andererseits ist es für die Brutbiologie mancher Fische gut, wenn sie im Winter eine kühlere Periode erleben, wie das auch in den Heimatgewässern der Fall sein mag. Verschiedene Arten kommen nämlich nur dann in Hochzeitsstimmung. Die erforderlichen Temperaturen um 8 bis 12 °C lassen sich in einem ungeheizten, isolierten Keller leicht einhalten. Für andere Kaltwasserfische, etwa jene, die aus den Subtropen zu uns kommen, mögen diese Werte aber zu niedrig sein. Mit einem Stabheizer lässt sich ihr Wasser auf 18 bis 22 °C erwärmen. Fische, die eine Winterruhe benötigen, sollten auch bei

**INFO**

### Die Fütterung

*Kaltwasserfische ernähren sich nicht anders als ihre Vettern und sonstigen Verwandten aus warmen Gebieten. Die einen sind Vegetarier, die anderen benötigen Lebendfutter oder wenigstens animalische Nahrung (tiefgefroren bzw. gefriergetrocknet), und dritte sind Allesfresser, die sowohl Algen, Flocken und Tabletten benötigen als auch alle Arten von lebendem und getrocknetem Futter.*

kürzeren Beleuchtungszeiten gehalten werden als im Sommer. Sie stammen ja aus gemäßigten Breiten, die verschiedene Tageslängen kennen: im Sommer bis zu 16 oder 17 Stunden, im Winter dagegen lediglich acht bis zehn. Sofern man im gleichen Raum Kaltwasserfische hält, die man züchten möchte, muss ihre Wassertemperatur nach oben angepasst werden, und sie benötigen zusätzliches Licht.

Über eines sollte man sich allerdings schon vor dem Einrichten eines Aquariums und dem Kauf von Fischen im Klaren sein: Kaltwasserfische sind keineswegs anspruchsloser oder leichter zu halten als Warmwasserfische.

# Die Goldfische

Im Laufe der Zeit entstanden zahlreiche Farbmutationen und die verschiedensten Zuchtformen – heute sind weit mehr als 100 bekannt; der Silbergiebel hat offenbar von Natur aus eine Neigung, verschiedene Farbschläge zu bilden.

Die ältesten roten und rotweiß gescheckten Formen tauchten im 5. Jahrhundert in China auf. Um 1500 gelangten die ersten Goldfische nach Japan und erlebten in den nächsten zwei Jahrhunderten ihre Blütezeit. Von Japan und China aus gelangten die Tiere, die damals mit Gold aufgewogen wurden, in andere asiatische Länder. Gegen Ende des 17. und Anfang des 18. Jahrhunderts kamen die ersten Goldfische nach Europa und zwar nach Großbritannien. Ob sie dort oder, nach anderen Quellen, in Holland zum ersten Mal gezüchtet wurden, ist für den Goldfischfreund von geringem Interesse. Sie eroberten jedenfalls von der zweiten Hälfte des 18. Jahrhunderts an Europa im Fluge. Lange Zeit waren Goldfische die beliebtesten Aquarienfische. Man hielt sie in runden „Goldfischgläsern", in denen die genügsamen und anpassungsfähigen Fische jahrelang dahinvegetierten.

Als die Aquarienindustrie begann, kleine Heizelemente und Filter zu bauen, begann der Siegeszug der tropischen Zierfische, die den Goldfisch ein Stück weit aus den Wohnzimmern verdrängten. Vor allem in Gartenteichen, aber auch in größeren Zimmeraquarien hat der Goldfisch noch immer seinen Platz, ja es scheint, dass er wieder mehr Liebhaber findet.

Aus China, Japan und dem Fernen Osten kommen regelmäßig neue, oft ausgefallene Züchtungen, die in der ersten Zeit hohe Preise – mehrere tausend Euro pro Tier sind nicht ungewöhnlich – erzielen, aber häufig nach einigen Jahren wieder von der Bildfläche verschwinden.

Zumindest der Anfänger sollte sich für „normale" Zuchtformen entscheiden und nicht für die berühmt-berüchtigten Schleierschwänze, Teleskopaugen und Himmelsgucker, die z. T. bemitleidenswerte Kreaturen sind.

# Die Wildform, der Giebel

Die Wildform des Goldfisches, der Giebel, auch Silberkarausche genannt, erreicht eine Gesamtlänge von 20 bis 25, in seltenen Fällen bis etwa 40 cm. Er gleicht einem Karpfen, ist jedoch ein bisschen schlanker. Außerdem fehlen ihm die für Karpfen charakteristischen Barteln.

Die Grundfarbe ist ein silbernes Graublau mit dunklen Pigmenten im Bauch- und Rückenbereich. Fallen diese weg, entstehen rötliche und silberne Mutationen. Die domestizierte Form des chinesischen Giebels, der Goldfisch, wird, je nach Größe des Aquariums bzw. Gartenteichs, zwischen 10 und 30 cm lang. Je kleiner das Aquarium, desto kleiner bleiben natürlich auch die Fische.

Der Körper des „normalen" Goldfisches ist lang gestreckt mit recht hohem Rücken und gut ausgeprägten Flossen. Es gibt jedoch Züchtungen wie **Himmelsgucker**, **Schleierschwänze** und **Teleskopfische**, die sich äußerlich sehr stark

***INFO***

### Der Ursprung

*Der Goldfisch ist eine Zuchtform, die aus wild lebenden Giebeln, einer über ganz Eurasien verbreiteten Karpfenart, entstanden ist. Stammvater war die chinesische Unterart Carassius a. auratus. In China wurde der Silbergiebel vor mehr als 1 500 Jahren domestiziert. Goldfische wurden z. T. in Seen und andere stehende Gewässer in der ganzen Welt ausgesetzt und sind dort, wo sie keine menschliche Hilfe benötigen (Futter, bestimmte Wassertemperaturen), verwildert.*

von jenem Goldfisch unterscheiden. Die Grundfarben waren ursprünglich Rot, Rotgold und Silber.

Im Laufe der Zeit entstanden jedoch verschiedene Farbschläge in Weiß, Braun, Rotweiß, Blau mit dunklen Punkten und andere mehr. Manche werden leicht mit den japanischen Kois verwechselt, die sich jedoch auf den ersten Blick durch ihre Bartfäden von Goldfischen unterscheiden lassen.

# Bitte kein Goldfischglas!

Die Zeit der Goldfischgläser sollte endgültig der Vergangenheit angehören. Erstens sind sie viel zu klein, zweitens enthält das Wasser, bedingt durch die enge Öffnung des Glases, zu wenig Sauerstoff, sodass die Tiere in regelmäßigen Abständen an die Oberfläche schwimmen und „nach Luft schnappen". Drittens muss im Glas das Wasser durch das Fehlen eines Filters und durch die Verschmutzung infolge der Ausscheidungen der Tiere täglich gewechselt werden. Das ist für jeden Goldfisch eine Qual und widerspricht zudem den Vorschriften des Tierschutzgesetzes, in dem ausdrücklich verlangt wird, dass jedes Tier „seinen Bedürfnissen entsprechend angemessen ernährt, gepflegt und verhaltensgerecht" unterzubringen ist.

Empfohlen wird ein Becken mit einer Länge von 90 bis 100 cm bei entsprechender Höhe und Tiefe (ca. 50 x 50 cm). Das ergibt einen Wasserinhalt von 200 bis 250 l. Geht man davon aus, dass 3 l pro Zentimeter Fisch genügen, kann man 70 bis 80 cm Fisch im Aquarium ansiedeln. Beim Kauf von 4 bis 6 cm langen Tieren sollte man aber daran denken, dass sie in einem 200-l-Aquarium noch beträchtlich wachsen und ohne weiteres 15 bis 20 cm lang werden können. Bei einer Liter-/Zentimeter-Berechnung muss deshalb vom ausgewachsenen und nicht vom jungen Goldfisch ausgegangen werden, oder anders gesagt: Die oben erwähnten 70 bis 80 cm Fisch verteilen sich auf vier bis höchstens sechs Tiere! Hält man eine größere Anzahl, dann ist das Becken überbelegt, und es wird schwer sein, ein Gleichgewicht zwischen Pflanzen, Fischen und einem gesunden Stickstoffkreislauf herzustellen.

# Das Goldfischbecken

Die Einrichtung eines Goldfischbeckens ist einfach und mit wenig technischem Aufwand verbunden. Der Bodengrund besteht aus mehrmals gewaschenem Kies in einer Korngröße von 4 bis 6 mm. Der Bodenbelag sollte vorne etwa 10 mm tiefer liegen als hinten und in einer der vorderen Ecken am tiefsten sein. Dadurch sammeln sich Futterreste, Mulm und abgestorbene Pflanzenteile an einer Stelle und können leicht abgesaugt werden. Mit der „Verzierung" des Aquariums sollte man zurückhaltend sein: im hinteren Bereich vielleicht eine dekorative Wurzel und einige Steine.

Im Übrigen stopfe man das Becken nicht mit allzu vielen Geräten und Dekoration voll, denn diese schränken den Schwimmraum für die Goldfische ein. Auch die Bepflanzung sollte nicht zu dicht sein. Goldfische gehen nicht immer sehr rücksichtsvoll damit um. Einige widerstandsfähige, großblättrige oder -stängelige Arten kommen in Frage. Man kann sie aus einheimischen Gewässern holen oder im Handel kaufen. Horn- und Pfeilkraut, Tausendblatt und Sumpfschrauben sind robuste Arten, die bei genügend Licht gut gedeihen. Wasserpflanzen aus einheimischen Gewässern müssen mehrmals gewaschen werden, um das Risiko von eingeschleppten Krankheiten und unerwünschten Insektenlarven möglichst gering zu halten.

Goldfische benötigen kein geheiztes Aquarium; sie fühlen sich bei Temperaturen zwischen 10 und 18 °C wohl, vertragen aber auch etwas höhere Werte. Im Allgemeinen fährt man mit Zimmertemperatur gut. Die Fische fühlen sich dann besonders wohl, wenn das Wasser gut durchlüftet und außerdem gefiltert wird. Niedrige, aber tiefe Aquarien mit einer großen Oberfläche sind hohen, schmalen vorzuziehen, weil erstere mehr Sauerstoff aufnehmen können als letztere. Im Handel gibt es sowohl Pumpen als auch Filter aller Größen und Leistungsstufen.

# Die Fütterung

Die Ernährung des Goldfisches bietet von der Zusammensetzung des Futters her keine Probleme. Wichtig ist jedoch, den Tieren die richtige Menge zu bieten. Goldfische verzehren so viel Futter, wie sie bekommen! Sie sind große Esser und verschlingen als Allesfresser Lebend- und Trockenfutter in

enormen Mengen. Es ist daher angezeigt, nur gerade so viel Futter zu reichen, wie die Fische innerhalb weniger Minuten, maximal einer halben Stunde, verzehren können. Wer es einrichten kann, gibt den Fischen zwei oder noch besser drei Mal pro Tag kleinere Mengen und überzeugt sich davon, dass das Futter nicht auf den Boden absinkt und zwischen die Steine fällt, wo es nicht mehr aufgenommen werden kann. Abgesehen davon, dass die Goldfische bei zu viel Futter verfetten, wird auch das Wasser durch die großen Kotmengen und das nicht gefressene, sich zersetzende Futter getrübt und vergiftet.

Goldfische fressen, wie erwähnt, sowohl vegetarische wie animalische Kost. Man sollte abwechselnd beides verfüttern. Zur erstgenannten Gruppe gehört ein speziell für Goldfische hergestelltes Trockenfutter, das in Flocken, Stäbchen, Würfeln und Tabletten angeboten wird. Es enthält alle lebenswichtigen Vitamine und Mineralien sowie Ballaststoffe, Kohlenhydrate, Eiweiß und Fette. Goldfische mögen auch rohes oder gekochtes und fein geschnittenes Gemüse wie Möhren,

Kartoffeln und Erbsen, verschiedene Salate und Vogelmiere, Haferflocken und Weizenkeime. Tierisches Futter kann aus geschabtem, rohem Rind- und Schweinefleisch sowie -leber bestehen, aus Blut- und Fischmehl und aus lebenden oder gefriergetrockneten Mückenlarven, Daphnien, Tubifex, Wasserflöhen und Insekten. Die beiden letzteren kann man vom Frühjahr bis weit in den Herbst hinein mit einem Kescher in Teichen und auf Wiesen fangen.

# Die Fortpflanzung

Hat man erwachsene, gesunde und fortpflanzungsfähige Elterntiere zur Verfügung – sie sollten nicht jünger als zwei Jahre sein –, dann ist die Zucht nicht allzu schwierig. Im Gemeinschaftsaquarium ist sie nicht besonders Erfolg versprechend, weil die Goldfische Laich und Brut verzehren.

Günstig sind spezielle Zuchtbecken, die 50 bis 60 cm lang und 30 bis 40 cm hoch bzw. tief sein sollten. Man muss sie weder mit Kies noch mit Steinen oder Wurzeln ausstatten, sondern lediglich mit einigen feinblättrigen Wasserpflanzen und Töpfen. Licht und ein Filter mit Sauerstoffzufuhr vervollständigen die technische Ausrüstung. Dann setzt man das Zuchtpaar oder ein Weibchen und zwei Männchen in das vorbereitete Becken ein. Meist zeigt sich die Paarungsbereitschaft schon im Gemeinschaftsbecken, z. B. wenn die Männchen ihre Weibchen treiben und diese täglich rundere Bäuche bekommen (vom sich ansammelnden Laich). Sofern man die Fische am späteren Nachmittag in die Zuchtanlage setzt, die Wassertemperatur 16 bis 20 °C beträgt und der Wasserstand nachts auf etwa 15 cm abgesenkt wird, ist es gut möglich, dass die Tiere früh am nächsten Morgen ablaichen.

Das Männchen jagt sein Weibchen durch die Wasserpflanzen, und bei diesem Treiben stößt das Weibchen mehrere hundert, ja tausend winzige, fast durchsichtige Eier aus, die an den Blättern der Pflanzen kleben bleiben. Dort gießt das Männchen sein Sperma darüber und befruchtet somit den Laich.

Nun können die beiden Elterntiere aus dem Zuchtbecken entfernt und wieder ins Gemeinschaftsbecken eingesetzt werden. Haben sie jedoch nicht abgelaicht, lässt man sie einige Tage zusammen und verändert die Wassertemperatur in Zwölfstundenphasen um +/– 2 bis 3 °C, oder man setzt im Zuchtbecken zwischen Männchen und Weibchen für zwei, drei Tage eine Trennscheibe ein und bringt sie anschließend wieder zusammen.

# Die Aufzucht

Da Goldfische keinerlei Brutpflege betreiben, sondern im Gegenteil Laichräuber sind, werden sie für die Aufzucht der Jungfische nicht benötigt. Man hält die Temperatur im Zuchtbecken auf rund 20 °C – notfalls mit einer Stabheizung mit Regler – und sorgt durch intensive Belüftung (aber ohne

allzu große Strömung) für sauerstoffreiches Wasser. Bei der genannten Temperatur dauert es zwischen 50 und 60 Stunden, bis die Jungen schlüpfen und sich gleich an die Aquariumscheiben oder an Schwimmpflanzen heften.

Dort verharren sie, nur zwei bis drei Millimeter klein, etwa zwei Tage und ernähren sich von den Resten des Dottersackes. Sind diese aufgezehrt, lösen sich die Jungfische von ihrer Unterlage und gehen auf Nahrungssuche. Man kann sie mit speziellem Aufzuchtfutter ernähren, aber auch mit so genannten Infusorien, das sind ein- und mehrzellige Aufgusstierchen, sowie mit frisch geschlüpften Salinenkrebschen.

Sowohl Infusorien als auch Eier der Salinenkrebschen lassen sich im Handel kaufen und mit gewöhnlichem Wasser ansetzen. Die Jungtiere sollten mehrmals täglich mit nicht allzu großen Portionen gefüttert werden. Die kleinen Goldfische, die noch nicht goldrot oder buttergelb oder gefleckt, sondern fast durchsichtig graubraun sind, wachsen erstaunlich schnell. Schon nach wenigen Tagen nehmen sie größeres Lebendfutter wie Daphnien (Wasserflöhe) zu sich und können auch mit einem fein zerriebenen Flockenfutter ernährt werden.

# Die Pflege der Jungen

Spätestens acht Tage, nachdem die Jungfische geschlüpft sind, sollte der erste Teilwasserwechsel erfolgen. Etwa ein Viertel des Beckeninhalts wird mit einem Schlauch abgesogen, wobei man die Absaugöffnung mit einem Stück Damenstrumpf oder feinstmaschigem Vorhangstoff abdeckt, damit keine Jungfische in den Wassersog geraten. Die abgelassene Menge Wasser wird mit Frischwasser ersetzt, das zwei, drei Tage in einem Plastikkübel gestanden hat. Auch beim Eingießen ist größte Vorsicht angebracht. Man stellt den Wasserkübel auf einen Stuhl, der höher als das Zuchtbecken ist, führt den Plastikschlauch vom Kübel ins Aquarium und saugt das Wasser am Schlauch an, bis es selbst zu laufen beginnt. Man kann es auf eine Hand voll Glaswatte oder auf einen flachen Stein strömen lassen, damit die noch immer winzigen Fische nicht umhergewirbelt werden.

Der Wasserwechsel im beschriebenen Umfang sollte regelmäßig alle sechs bis acht Tage – je nachdem, wie viele Jungfische im Becken sind – erfolgen, und die Wassertemperaturen von Becken- und Frischwasser dürfen nicht mehr als 2 bis 3 °C voneinander abweichen.

Selbstverständlich werden nie alle Jungfische überleben. Man kontrolliere deshalb das Aquarium mehrmals täglich und entferne die toten Goldfischchen, aber auch die Wasserpflanzen in den Töpfen. Achtung: Überzeugen Sie sich, dass keine Jungfische in den Pflanzen versteckt sind!

Mit zwei Monaten erreichen die Jungen eine Länge von etwa 3 cm, mit sechs Monaten rund 5 bis 6 cm. Ist die Nachzucht groß, muss sie u. U. auf mehrere Becken verteilt werden. Mehr als etwa 25 Tiere von 3 cm Länge sollte man in einem Zuchtbecken von 60 x 40 x 40 oder 30 cm nicht halten.

Sind die jungen Fische ein halbes Jahr alt, dann haben sie das Jugendkleid abgelegt und sind jetzt, auch äußerlich, „richtige" Goldfische.

# Die Kois

Der Koi wurde aus dem Japanischen Farbkarpfen herausgezüchtet und hat heute den Goldfisch in vielen Gartenweihern verdrängt. Er kann 60 cm und länger werden und eignet sich deshalb nur bedingt für das Zimmeraquarium – es sei denn, man kann ihm ein 3 000-l-Becken bieten.

Kois unterscheiden sich auf den ersten Blick von Goldfischen; sie tragen in beiden Mundwinkeln gut sichtbare Barteln, wie das auch bei unserem einheimischen Karpfen der Fall ist. Kois gibt es in allen möglichen Farben und Zeichnungen. Viele haben eine rötlichweiße, hellgelbe, blaue oder rote Grundfarbe.

Über den ganzen Körper verteilt weisen sie schwarze, rote, orange und silberne Schuppen auf, wobei kein Muster dem anderen gleicht. Die Japaner haben für die Kois Farbstandards geschaffen, die eine weite Skala von Silbermetallic über Türkis und Bunt bis Schwarz umfassen. Bei den Mustern wiederum gibt es feststehende Bezeichnungen wie Pinienzapfen, Schildpatt und netzartig, aber auch reflektierend, mit Welleneffekt und dreifarbig.

# Die Haltung

Gefüttert werden Kois ähnlich wie die Goldfische, wobei sie entsprechend ihrer Größe beträchtliche Mengen verschlingen können. Auch hier sollte man darauf achten, dass keine größeren Futtermengen im Wasser liegen bleiben und verderben. Über die empfehlenswerte Bestandsdichte gibt es kaum einheitliche Angaben. Kois sind gesellige Fische, die kaum eine Individualdistanz kennen und keine Territorialansprüche haben. Man kann 30, 40 von ihnen auf engstem Raum versammelt sehen, ohne dass sie deswegen aggressiv werden und sich gegenseitig jagen.

Als Faustregel mag gelten, dass ein Koi von 50 cm Länge mindestens 100 l Wasser benötigt. Sobald die Fische an normal warmen Tagen regelmäßig an der Oberfläche auftauchen und nach Luft schnappen, stimmt die Besetzung und daher der zur Verfügung stehende Sauerstoff nicht mehr mit den Bedürfnissen der Kois überein. Entweder verringert man die Population oder man leitet an den heißen Sommertagen Sauerstoff in den Teich ein und verteilt ihn über einen Sprudelstein. Das bringt zugleich Bewegung in den Teich oder Weiher, und die Umwälzung hat zur Folge, dass vom Wasser mehr Sauerstoff aufgenommen werden kann.

Da Kois häufig im Bodengrund wühlen, haben Wasserpflanzen keine großen Überlebenschancen – sieht man von Teichrosen und Wasserlinsen ab. Man verzichtet deshalb von vornherein auf eine Unterwasservegetation.

# Die Sonnenbarsche

Die nordamerikanischen Sonnenbarsche kann man vorbehaltlos als ideale Pfleglinge bezeichnen. Sie kamen teilweise schon im letzten Jahrhundert nach Europa, wurden mancherorts in heimische Gewässer ausgesetzt und konnten sich gut behaupten (wie das auch bei der aus Nordamerika stammenden Regenbogenforelle der Fall ist). Sonnenbarsche sind allerdings nicht ganz so winterresistent wie unsere Fischarten. Sie müssen im späten Herbst aus dem Gartenteich gefangen und im kühlen Keller überwintert werden. Hält man sie im Aquarium – und die meisten Arten sind dafür geeignet –, dann stellt sich dieses Problem nicht.

Die Größe der verschiedenen Arten liegt zwischen etwa 4 cm beim **Zwergbarsch** (*Elassoma evergladei*) und 60 bis 75 cm beim **Forellenbarsch** (*Micropterus salmoides*). Große Arten bleiben in kleineren Aquarien zwar unter der Länge, die sie in Gewässern erreichen können, aber es grenzt schon an Tierquälerei, wenn man sie in 60-l-Becken hält.

***INFO***

### *Die Wasserchemie*

*Das Wasser sollte einen nahezu neutralen pH-Wert (um 7) und eine mittlere Härte (um 10 °dH) aufweisen und nicht zu häufig gewechselt werden. In Freiheit leben viele Sonnenbarsche in stehenden Tümpeln und Weihern, die wenig Frischwasserzufuhr bekommen. Die Bepflanzung im Becken beschränkt sich auf die Rück- und eine Schmalseite und lässt den Fischen 60 bis 70 % freien Schwimmraum. Eine mittelstarke, zehnstündige künstliche Beleuchtung des Aquariums ist angebracht.*

Die Sonnenbarsche sind auffallend schöne, meist bunt gefärbte Fische, die sich durchaus mit ihren Warmwasser-Verwandten messen können. Ihre Grundfarbe ist oft ein helles Schokoladenbraun, und manche von ihnen zeigen auffallende Streifen- und Fleckenmuster. Helle, mal weiße, mal blau-irisierende Punkte und Striche verzieren ihren Körper und ihre Flossen, und im Brutkleid leuchten manche dunkelblau und knallrot. Folgende der rund 30 Arten sind bei uns ab und zu im Handel erhältlich und eignen sich gut für Kaltwasser-Aquarien: der **Amerikanische Sonnenbarsch** (*Lepomis gibbosus*) aus den östlichen USA. Er wurde vor über 100 Jahren bei uns eingeführt und in vielen stehenden Gewässern ausgesetzt.

Da er lediglich 10 bis 12, höchstens 15 cm lang wird, kann man ihn gut in 150-l-Becken pflegen. Ein besonders schöner Sonnenbarsch ist der ebenfalls aus den östlichen USA stammende **Diamantbarsch** (*Enneacanthus obesus*), der zwischen 6 und 10 cm lang wird, und auch der nah verwandte **Scheibenbarsch** (*Enneacanthus chaetodon*) kann sich sehen lassen. Letzterer ist allerdings nicht ganz so anspruchslos wie die anderen Sonnenbarsche. Zwar erträgt er recht tiefe Wassertemperaturen bis zu etwa 5 °C, reagiert aber auf Temperaturschwankungen empfindlich. Der in etwa zweiwöchigem Turnus durchzuführende Teilwasserwechsel muss sorgfältig vor sich gehen (gleiche Temperatur, Wasser, das drei bis vier Tage in einem Plastikkübel gestanden hat). Der Scheiben- und der Sonnenbarsch eignen sich für den Gartenteich, weil beide Wassertemperaturen ertragen, die nahe am Gefrierpunkt liegen. Die anderen sollte man nicht unter 10 °C pflegen, denn sie leben in subtropischen Gebieten Nordamerikas.

Die Ernährung der meisten Sonnenbarsche ist einfach. Sie sind Raubfische und benötigen, zumindest in der ersten Zeit der Eingewöhnung, Lebendfutter wie Tubifex, Wasserflöhe, Daphnien, Mückenlarven. Meist lassen sie sich aber auch an gefriergetrocknete und tiefgefrorene Nahrung gewöhnen und selbst an tierisches Flockenfutter – sofern man ihnen genügend Zeit lässt und die Übergänge von Lebend- auf andere Nahrung fließend verlaufen.

Manche Arten, z. B. der Zwergbarsch, lassen sich ohne Probleme züchten, sofern sie im Winter kühl (10 bis 12 °C) und später bei Zimmertemperatur gehalten werden. Bei einigen Spezies betreuen beide Eltern die Eier und die Jungen, bei anderen nur die Männchen, und bei dritten kümmern sich die Alttiere überhaupt nicht um den Laich.

# Die Zahnkarpfen

Gut für Kaltwasseraquarien eignen sich verschiedene Arten der so genannten Zahnkarpfen. Bei ihnen handelt es sich um zwei Familien, die sich bei Aquarianern großer Beliebtheit erfreuen: die **Eierlegenden Zahnkarpfen** (*Cyprinodontidae*) oder **Killifische** und die **Lebendgebärenden Zahnkarpfen** (*Poeciliidae*).

Kaltwasserarten sind zwar meist nicht ganz so bunt gefärbt wie jene, die aus den Tropen kommen. Aber vor allem die Männchen können während der Fortpflanzungszeit ein auffallend farbiges, blaues oder rotes Hochzeitskleid tragen. Die Spezies aus gemäßigten Klimabreiten können gut in Kaltwasseraquarien gehalten und gezüchtet werden, und einige von ihnen kann man sogar vom Frühling bis in den Herbst hinein im Gartenteich pflegen, wo sie sich unter guten Bedingungen problemlos vermehren.

Man sollte sie jedoch – nur weil plötzlich Platzmangel herrscht – auf keinen Fall in Teiche und Seen aussetzen. Die meisten Arten überleben unsere Winter nicht – die anderen würden zur Faunenverfälschung beitragen, wie das bei vielen anderen Tierarten, vor allem Säugern, der Fall ist.

Zu den europäischen Arten, die man selbst während eines Aufenthalts in einem Mittelmeerland fangen (vorher abklären, ob man dazu eine Bewilligung benötigt!) und nach Hause bringen kann, gehören die beiden Eierlegenden Zahnkarpfen, der **Zebrakärpfling** (*Aphanius fasciatus*), der sowohl im europäischen wie im nordafrikanischen Mittelmeergebiet vor allem im Brackwasser vorkommt, und der **Iberien-** oder **Spanienkärpfling** (*Aphanius iberus*), der nicht nur in Spanien lebt, sondern auch im nordwestlichen Nordafrika. Sein Vorkommen ist auf Süßwasserseen und -teiche beschränkt. Beides sind eher unscheinbare Fischchen von lediglich 5 bis 6 cm Länge, die sich bei Zimmertemperatur gut halten. Wassertemperaturen

bis etwa 10 oder 12 °C schaden ihnen nicht, ja sie fördern im Frühling, wenn sich das Wasser wieder erwärmt, offenbar die Laichbereitschaft.

Ebenfalls zu den Eierlegenden Zahnkarpfen gehören der **Floridakärpfling** (*Jordanella floridae*) und der **Rotschwanzkärpfling** (*Lucania goodei*). Ersterer ist der am weitesten verbreitete Kaltwasserkärpfling. Er erreicht eine maximale Länge von 6 cm. Die ersten Importe nach Europa erfolgten vor rund 80 Jahren. Man hält den Floridakärpfling in kleinerer Zahl in einem Becken von 50 bis 60 cm Länge und bei einer Wassertemperatur um die 20 °C. Zur Zucht muss diese um 4 bis 5 °C erhöht werden.

Aus dem östlichen und südöstlichen Afrika gelangen ab und zu besonders schöne Arten nach Europa. Man kann sie zwar nicht in Gartenweihern halten, aber zumindest im temperierten Zimmer, d. h. bei Temperaturen ab etwa 20 bis 22 °C.

Zu diesen Arten gehört der wunderschöne, im Brutkleid blaurote und schwarz gepunktete **Rachows Prachtfundulus** (*Nothobranchius rachovii*) und der zart blaugrün gefärbte **Rotrückige Procatopus** (*Procatopus nototaenia*). Beide genannten Arten sind in Haltung und Pflege allerdings bereits etwas anspruchsvoller, aber auch schöner gefärbt als die europäischen und die nordamerikanischen Zahnkarpfen.

Auch die Familie der Lebendgebärenden Zahnkarpfen zählt einige Vertreter, die wir in Kaltwasseraquarien züchten können. Sie waren ursprünglich nur in der Neuen Welt zu Hause, sind jedoch in viele Länder Afrikas und Asiens eingeführt worden. Der bekannteste Lebendgebärende Zahnkarpfen ist der **Guppy** oder **Millionenfisch** (*Poecilia reticulata*). Obwohl er im Kaltwasseraquarium ab etwa 18 °C gehalten werden kann, fühlt er sich im zumindest leicht angewärmten Wasser (ab 20 °C) am wohlsten. Etwas höhere Temperaturen sind für die erfolgreiche Zucht erforderlich.

**INFO**

### Der größte Regenbogenfisch

*Kaltwasserfische hat nicht jeder Händler im Angebot, und meist wird man seine Tiere über private Halter und Züchter beziehen können. Sie kennen ihre Fische natürlich sehr gut und sind in der Lage, genaue Futterpläne aufzustellen. Das Gleiche gilt für die Wasserbeschaffenheit, also in erster Linie pH-Werte und Deutsche Gesamthärte (dH). Wenn man Kaltwasserfische von vornherein im Hinblick auf Nachzuchten kauft, sollte man sich auch über die Zuchtbedingungen erkundigen*

Tiefere Temperaturen vertragen der **Veränderliche Spiegelkärpfling** (*Xiphophorus variatus*) – nämlich bis etwa 15 °C – und der unscheinbar-hübsche **Korfu-Kärpfling** (*Valencia letourneuxi*). Letzteren kann man problemlos bei 10 °C überwintern – die Zuchtaussichten sind sogar größer, als wenn er bei gleich bleibenden Wassertemperaturen gehalten wird.

*Gambusia affinis*, der **Texaskärpfling**, auch **Moskitofisch** genannt, fühlt sich, je nach Unterart, ebenfalls ab etwa 10 °C wohl; er ist eine der *Gambusen*-Arten, die in der ganzen Tropenwelt als Vertilger von Mücken, deren Eiern und Larven eingesetzt werden und auch in Europa ausgewildert wurden.

Neben Lebendfutter ernährt er sich von Algen (wie viele Zahnkarpfen) und vegetarischer Flockennahrung. Setzt man ihn in dicht bepflanzte Zuchtbecken bei Temperaturen ab 22 °C, bringen die Weibchen zwischen 40 und 60 lebende Junge zur Welt. Es ist dann ratsam, entweder die Alttiere (was sich leichter bewerkstelligen lässt) oder aber die Jungen herauszufangen. Andernfalls verschwinden letztere nach und nach in den Mägen der Eltern und ausgewachsenen Artgenossen.

Mit einem der kleinsten Fische der Welt, dem **Zwergkärpfling** (*Heterandria formosa*), wollen wir die Beschreibung der für Kaltwasseraquarien geeigneten Zahnkarpfen beenden. Der Winzling aus Florida wird ganze 2 cm (Männchen) bzw. 3,5 cm (Weibchen) lang und lässt sich schon in Kleinbecken ab etwa 30 l halten. Er liebt dichte, feinblättrige Vegetation und ist ein friedlicher, unscheinbarer, leicht zu haltender Pflegling. Ohne besonderes Zutun züchtet er auch bei Anfängern, die von pH-Werten und Wasserhärten wenig oder keine Ahnung haben. Man ernährt ihn, wie die meisten Zahnkarpfen, mit Lebendfutter wie Wasserflöhen und Artemia, aber auch mit Algen und feinem, zerriebenem Trockenfutter. Das Weibchen bringt über einen Zeitraum von acht bis zehn Tagen jeweils zwei bis vier winzige Junge pro Tag zur Welt, die sofort im dichten Pflanzendschungel verschwinden und von den Alttieren weitgehend in Ruhe gelassen werden. Nach vier bis sechs Wochen folgt ein weiterer Geburtszyklus. Solange man Nachzucht möchte, ist es ratsam, die Wassertemperatur nicht unter etwa 20 °C sinken zu lassen.

# Ratgeber Gesundheit

Leider trifft die alte Weisheit „gesund wie ein Fisch im Wasser" auf unsere Fische nicht immer zu. Sie können genauso krank und unpässlich werden wie alle anderen Lebewesen. Je entfernter wir mit einem anderen Tier verwandt sind, umso schwieriger fällt es uns, seine Verhaltensäußerungen und seinen Gesundheitszustand richtig zu verstehen und zu erklären.

Wann ist ein Fisch krank, und woran erkennt man seine Krankheit? Ändert sich sein Verhalten grundlegend, schnappt er nach Luft oder lässt er sich mit hängenden Flossen auf den Boden sinken, nimmt er kein Futter mehr zu sich oder zeigen sich auf seinem Körper Punkte, Flecken und Pilzbefall, dann zeigt der Fisch wahrscheinlich damit Krankheitssymptome an.

Die Ursachen der Krankheit sind meist nicht leicht zu lokalisieren, und ist eine Krankheit erst einmal zum Ausbruch gekommen, ist es für eine Behandlung oft schon zu spät.

# Was kann man tun?

Fische, bei denen man das Gefühl hat, dass sie sich – verglichen mit ihren bisher gezeigten Lebensweisen – nicht normal verhalten, sollte man unverzüglich aus dem Gemeinschaftsbecken entfernen und in ein kleines, an einem ruhigen Platz stehendes Aquarium setzen.

Zum einen reduziert man damit die Gefahr von Krankheitsübertragungen auf gesunde Tiere, zum anderen hat der Kranke mehr Ruhe als in einem lebhaften Becken, und drittens lässt er sich leichter beobachten und, wenn möglich, behandeln.

Der Gang zum Tierarzt bringt normalerweise nicht viel – denn nur die wenigsten Veterinäre kennen sich mit Fischkrankheiten aus. Da ist es empfehlenswerter, mit den Fachleuten eines öffentlichen Aquariums oder mit kundigen Personen des Handels Kontakt aufzunehmen. Die entsprechenden Adressen und Telefonnummern besorgt man sich am besten nicht erst dann, wenn man Krankheitsfälle unter seinen Goldfischen feststellt, sondern legt sie sich für den Ernstfall griffbereit zurecht.

# Krankheiten und Ursachen

Krankheiten können durch Parasiten, Viren, Bakterien, Überfütterung, Stress, Giftstoffe im Wasser und andere Faktoren verursacht werden. Der Anfänger hat in vielen Fällen Mühe, eine Krankheit als solche zu erkennen und erst recht,

**INFO**

### Die Bauchwassersucht

*Eine weit verbreitete Fischkrankheit ist die Bauchwassersucht. Sie wird durch Bakterien hervorgerufen und zerstört die Leber. Wenn Körperflüssigkeit in die Bauchhöhle gelangt, wirkt der Fisch aufgebläht, und seine Schuppen stehen ab. Eine Heilung der Bauchwassersucht ist nahezu aussichtslos. Der befallene Fisch muss möglichst schnell aus dem Aquarium entfernt werden.*

sie zu behandeln. Es gibt heute zwar eine ganze Menge guter und wirksamer Medikamente – aber bevor man sie anwendet (und damit „Gift" ins Wasser bringt), sollte man wissen, an welcher Krankheit der Fisch leidet.

Hat man das Gefühl oder ist der Überzeugung, dass sich einer oder mehrere Fische unpässlich fühlen, sollte der Kranke bzw. die Kranken so bald wie möglich von den anderen Aquarienbewohnern getrennt und in einem kleinen Becken, dessen Wassertemperatur etwas erhöht wird, untergebracht werden.

Manchmal zeigt der kranke Fisch äußerliche Symptome wie weiße Beläge oder weiße Punkte auf der Haut, und vielleicht scheuert er sich an Wurzeln und Steinen. Dann handelt es sich vielleicht um Parasiten- bzw. Pilzbefall, die mit einem flüssigen Breitband-Medikament bekämpft werden können.

Der Fisch kann auch Mangelerscheinungen aufweisen, die durch nicht artgerechtes Futter verursacht werden. Eine abwechslungsreiche Kost mit verschiedenen Futterarten beugt diesem Problem vor.

Manche Fische verblassen in kurzer Zeit und werden völlig unscheinbar und unansehnlich. Ihnen fehlt möglicherweise ein Bestandteil im Futter, der für die Pigmentierung verantwortlich ist.

Der Händler weiß, welche Fischarten Zusätze benötigen, um wieder in alter Pracht zu leuchten. Wachstumsstörungen weisen ebenfalls auf eine falsche oder nicht artgerechte Ernährung hin. Sie sind nur noch schwer zu korrigieren.

Benehmen sich die Fische im Aquarium auffallend unruhig, schießen sie ruckartig hin und her, versuchen sie aus dem Wasser zu springen oder schnappen sie nach Luft, ist vielleicht Gift ins Wasser geraten, oder es haben sich wegen einer Überbesetzung des Beckens und mangelnder Filterleistung Nitrit oder Ammoniak gebildet. Abhilfe schaffen, sofern man nicht zu lange wartet, ein Teilwasserwechsel und der Einsatz eines starken Filters.

Bei unbekannten Krankheitsbildern – und davon gibt es eine ganze Menge – kann man versuchen, beim Händler, beim zuständigen Revierpfleger im Tiergarten oder bei einem erfahrenen Zierfischpfleger Rat einzuholen. Kurieren kann man die Fische meist nicht mehr – nur ihr Leiden abkürzen.

# Register